U0431418

# 立言

## 金融智库实录

第 1 辑

社会科学文献出版社
SOCIAL SCIENCES ACADEMIC PRESS (CHINA)

# 缘　起

获取知识的途径大抵有三：读书、听讲和实践。读书可品书香、摒铜臭，且有反复揣摩之便、自我体悟之乐。听讲则隐隐有书院之传，优势在现场感和互动——于讲者，现场可能灵光乍现；于听者，常能浮想联翩，触类旁通；讲者与听者互动，则可相互激励、讲评相长，搞得好，发掘出新课题、铺陈出锦绣文章，并非难事。实践则是获取知识的根本途径，它不仅是一切知识的源泉，而且是主观见诸客观的社会活动，更是体现了人们获取知识的最终目的。

简言之，读书、听讲和实践，对于获取知识而言，各有其独到之处，其功效相互不可替代。然而，如果从实行的角度考察，则三者的差别立现：读书和实践可由人们自我实现，而听讲则须有所组织，于是就有了兴办学术机构的必要性——这也就意味着，组织各类学术讨论与讲座，属学术机构之本分。

国家金融与发展实验室自 2015 年整合重组并获中央正式命名为首批国家高端智库以来，一直致力于举办各种类型的讲坛、论坛、研讨会、读书会、研习会等，一年凡二十余次。此类会议选题广泛，讨论集中，参会者名家云集，且来自各个领域，大家的发言直抒胸臆，不落窠臼，因而很受欢迎。遗憾此类会议中的多数在当时都不能面向社会，产生的影响有限，因而就有将会议详细记录整理出来，结集出版的动议。这就是实验室"立言"书系的由来。既然以"立言"自命，当然以展示讲者的"精气神"为第一要务。这就是我们不做四平八稳、无懈可击的论文集，而选择实录形式的缘由。

我们的长期合作伙伴社会科学文献出版社得知丛书的出版计划，立即给予了专业化的回应，精心设计的版式、装帧乃至纸型的选择，都与丛书的气质契合，为丛书增色颇多，在此一并致谢！

李扬

2017 年 7 月 27 日

## 英国"脱欧"：经济和金融影响

上海，2016 年 7 月 11 日

- 英国"脱欧"对全球金融、经济发展的影响
- 英国"脱欧"对欧洲区域经济的影响
- 英国"脱欧"后，我国和法国、德国等国家的经济、金融合作前景

217

## 商业银行不良贷款：现状、趋势与风险管理

北京，2016 年 7 月 23 日

- 我国商业银行不良资产及其处置问题
- 不良率、不良贷款的结构、隐含的风险、不良贷款的发展趋势
- 处置不良资产应当遵循的五项原则和配套体制机制

285

## A 股上市公司盈利分析与预测（2016）

北京，2016 年 9 月 25 日

- 发布《2016 年上半年 A 股上市公司盈利分析报告》
- 2016 年上半年上市公司总体盈利情况，近四年上半年同比走出 V 型结构
- 三个板块的盈利趋势和逻辑

# 债券市场违约

## 现象、原因与改革方向

北京，2016 年 5 月 18 日

2016 年 5 月 18 日，国家金融与发展实验室"智库讲坛"2016 年第一期在京举办，会议主题为"中国企业债券违约：现状、前景与应对"。会议就企业债券的分类、结构、违约压力，债券违约对经济发展的影响以及信用风险发展情况和管理前景进行了细致讨论。与会专家认为，为了发挥债券信用违约的积极作用，有效引导中国债券市场向更高形态转型，必须积极创造一系列制度条件，如认真落实企业破产制度、完善投资者保护机制、加强客观公正的信用评级体系建设等。

**主要出席嘉宾：**

李　扬　中国社会科学院学部委员、国家金融与发展实验室理事长

钱龙海　第一创业证券总裁

彭兴韵　国家金融与发展实验室"中国债券论坛"秘书长

陈尚前　第一创业证券董事总经理

高占军　中信证券董事总经理

## 主持人 ／ 李扬：

女士们，先生们，大家早上好！非常高兴在我们国家金融与发展实验室新的办公地接待各位。我们今天这个会是国家金融与发展实验室"智库讲坛"第一期，这个讲坛是和第一创业①合办的。去年年末我们两家合作成立了一个机构，叫作"中国债券论坛"，这也是今年中国债券论坛的一个内容。

作为主持，我先说一些基本情况，国家金融与发展实验室是去年经中央全面深化改革领导小组批准的首批 25 家智库之一，去年年末开始工作。我们在学术方面的第一项活动，就是和第一创业合作建立了中国债券论坛，并进行了卓有成效的工作。我们发布的报告以及在会上资深研究人员和市场人士的评述，对中国债券市场产生了比较深远的影响。

作为智库，我们在这段时间做了很多筑牢基础设施的筹备工作。我们今天的会议称作"智库讲坛"第一期，跟大家通报一下。既

---

① 第一创业即第一创业证券。全文下同。

然有第一期，后面就会连续不断地做下去。我们的节奏是不低于两周一次，其中有一些是可以对外的，允许记者来，也允许公开报道，还有一些是闭门的。我旁边的这位是中国人民银行货币政策司副司长孙国峰，他是国家金融与发展实验室下属的宏观金融研究中心的首席经济学家。涉及货币政策、汇率政策，涉及人民币国际化的很多研究成果，都会在这个平台上研讨和发布。

我们主要的沟通渠道是网络，今天我们有讯飞听见系统，这是目前世界上最好的系统，科大讯飞知道我们从事重点智库工作，非常支持，无偿送给我们这套系统，今天第一次用。这系统本来在幕后，看不见地为会议工作，今天为了让大家知道，给大家展示一下，用了这个系统，当然很便利了，会议结束之后，我们就会拿到一个完整的记录稿，稍事整理就可以成为文章。但这样一来，对大家就有一个要求，就是普通话要说好，说话的节奏要把握好，要做到出口成章。非常高兴今天在这里第一次正式开张，开张的时候和第一创业一起见证这个历史过程，非常高兴。

一开始要说的话也很多，感谢朝阳区委区政府，感谢朝阳金融办，他们无偿给我们提供了办公场地。这个地方很宽敞，也很方便。我们也感谢第一创业从一开始就向我们无私提供了资金的支持，我们也一起撑起了金融研究的大领域。

今天的题目大家已经拿到了，是关于债券市场违约的问题，我们选这个题目有几个原因。

第一，因为债券市场很重要，所以，我们实验室的第一个学术性活动就是研究债券问题。在去年的会议上，我们已经把中国债券市场发展的过程、结构及存在的问题、今后发展方向等进行了系统梳理。大家应该知道，目前，中国债券市场是世界第三，直追第二，第二是日本。今年一系列的发展，会使得我们债券市场有更大的变化。1~4月份债券市场规模扩张速度超过了银行贷款，当然这里面也反映出很多的问题。

中国债券市场还迎来一个外部压力。10月，有很大可能人民币会进入SDR。SDR本身规模很小，按说不应当产生多大的影响，但是，进入SDR有很多特殊的要求，这使得我们必须按照这些要求对国内市场进行调整。比如说人民币价值，就是汇率问题，必须是稳定的，必须和SDR篮子里其他已有的四种货币不具有系统相关性，于是就有一个独立的定价系统问题。去年"8·11"，大家对它有非常多的解释，甚至是抱怨。我知道，进行那些改革，其中一个很重要的原因就是我们的人民币要摆脱对于美元的盯住状态，直接盯住一揽子，从而自主定价。这是国际货币基金组织的要求，我们照办了，但是，由于时机不对，对国内金融市场造成非常大的压力。另外，人民币的利率，SDR也是要定利率的，其利率也是根据篮子里面各种货币的利率通过一个技术手段加权平均算出来的，因此，人民币利率怎么确定，是一个非常大的问题。我们过去利率是管制的，虽然我们推了这么多年利率市场化，其实进展并不是特别大，加入 SDR 之后，我们的利率市场化还会有更大的步伐。一个汇率，一个利率，金融市场尽收其中，汇率、利率最终的决定机制就在债券市场上。债券市场的重要性不用多说了，我们还需要长期不断地讨论债券市场，这是第一个原因。

第二个原因，就是标题上已经点出的违约问题。最近债券市场违约事件频出，让大家非常担心。当然，一会儿我们的研究人员会给大家展示我们的研究成果，债券市场违约事件频出的原因，他会说很多，大家可以听他的分析。从国际环境来看，国际上违约事件也是骤然增加，这个背景对我们有影响。前几天《人民日报》权威人士明确无误告诉我们，中国经济还会下行，"L"这个腿会伸得很长。这些分析给我们刻画了一个长期的前景，即经济增长速度不可能很快地向上走。

在这个背景下，金融肯定受到向下的压力，于是不良资产的问题就突出了。为了解决这些问题，从去年年末到今年年初，有很多的方案在研究，其中一个影响非常大的方案就是债转股。权威人士说，不要动辄债转股。我非常赞同这个说法，因为我们看到，自从有关部门要推行债转股的计划传出来之后，已经对市场产生了很多负面影响。有一个影响就显示在债券市场上，债券市场最近违约事件背后都有恶意违约因素存在，一会儿彭兴韵会分析，它的财务问题、经济的环境问题、杠杆率的问题等，都很重要，这也是长期存在的。但是这段时间内违约频出，而且有点恶意，原因就是债转股的提出让人看到可以违背市场纪律来解决问题，所以才会使得权威人士对这个问题给出这么明确的表态。背后还有非常多的事情，我们希望通过这个分析，让大家注意到，要想使市场长期发展，千万不能违反市场原则，千万不能脱离法治轨道，千万不要出现道德风险。如果那样的话，我们几十年市场化改革的成果就会毁于一旦。

习总书记前几天讲话又谈道，大家要通过诚实劳动改变自己的命运，这是社会主义市场经济的基本原则之一。如果可以通过赖账的方式，通过轻轻易易转什么股的方式，就把过去的负担甩掉，再找到一个新的平台发展，那就没有市场经济了。这个问题应当给予非常高的关注。

我们今天讨论债券违约问题，并以此为"智库讲坛"系列的起点，就是要提醒大家，我们社会主义市场经济发展到了一个关键时刻，这个时刻我们要坚持市场化的方向，坚持市场纪律，坚持市场规则，坚持法治，坚持事事于法有据。这样对我们未来长期发展才是有好处的。

我就不多说了，后面还会有一些专业的发言，今天的会首先由钱总致辞，然后一个人讲，两个人评论，以后会形成我们的格局。我们会有很多类型的会，最小的会就是我们自己讨论课题的会，欢迎大家参加；再上一层类似这种内部会；再展开一点我们有成果发布会，成果已经形成，很快有中国担保体系发展的成果、中国地方政府资产负债表的成果、中国国家资产负债表半年的成果等，成果发布的地点在朝阳公园——国际金融博物馆；再有去年我们和钱总一起开的那种大会，常规的会，请领导，有音乐，庆典式的。我们今后召开比较多的是中间那两种会，我们的成果主要通过网络推出。

下面有请钱总致辞，大家欢迎！

### 钱龙海：

感谢李扬理事长，非常高兴李老师把我们论坛成立的背景，包括运作——实际上我们去年12月19日正式亮相是中国债券论坛第一次会议，今天是中国债券论坛的专题研讨会的这个形式以及这个论坛的意义和定位讲得很清楚。第一创业为什么要和国家金融与发展实验室共

同举办中国债券论坛？债券市场意义重大，对国家来讲具有全局性、战略性意义，我们每个从事市场的人，非常幸运能参与到市场的建立，我们第一创业一直把债券业务作为我们的核心业务和一个战略性业务来做，经过这么多年的发展，我们在市场上也形成一定的影响力，我们有一些长期关注和支持第一创业的朋友和同行，我们5月11日正式挂牌，5月18日搞这个活动，我们非常高兴，也正好有这个机会，希望能够和李老师、业内专家就债券市场发展问题进行闭门研讨。

今后有几种形式，闭门研讨一般是不对外发布的，主要是内部研讨，以后监管机构可能会参与我们的讨论，一方面传递主管部门的想法，另一方面也接地气，因为我们来自市场。我们和李老师有一个梦想，就是希望把中国债券论坛办成名论坛，对整个国家债券市场发展发挥作用。

我们这些人有使命感和责任感。这个市场在世界中的位置越高，我们在里面参与的意义和作用就越大，为我们国家的发展做的贡献越大，我们的业务也会做得更大。中国债券市场一定会成为全球重要的资本市场，特别是人民币国际化以后，海外投资者一定会把中国债券固定收益产品作为配置的重要金融产品之一，我们希望作为一个市场参与者，我们也拿到正式的做市商资格，作为这个市场的建设者、参与者，能够和大家一起，特别是在李扬老师指导下，共同就中国债券市场发展，如制度建设、基础设施建设存在的问题，包括市场的看法，

　　　　　　　　　　　　　　债券市场违约：现象、原因与改革方向

共同研讨，为这个市场发展做出贡献。

感谢李老师，我们一拍即合，有幸和有缘
能够和国家金融与发展实验室一起把中国债券
论坛办好，谢谢大家。

## 主持人 ／ 李扬：

下面有请国家金融与发展实验室"中国债
券论坛"秘书长、中国社会科学院金融研究所
研究员彭兴韵给大家做主题报告。

## 彭兴韵：

中国企业债券违约，来得比人们预想的要
快、要猛烈。自 2014 年 3 月超日债违约以来，
目前在银行间和交易所发行的已违约信用债共
有 27 只，涉及主体 21 家，其中有 8 只债券完
成兑付，还有 19 家悬而未决。总体而言，中国
违约信用债分布具有强周期性和产能过剩行业
的特征，光伏、运输、采掘、钢铁等行业违约
较多。在已经违约的 21 个发行主体中，产能过
剩行业的发行主体占比 70% 以上。当然，违约

并不局限于强周期性行业，现在已经扩展到食品饮料、运输等非周期性行业。随着经济的下行或者在一个时期保持 L 型增长态势，非产能过剩的发债主体也会面临事件冲击导致流动性收紧而出现违约的风险。

更具体地，可以将中国已有的企业债券违约大致分为四类。

第一类是行业景气度低迷导致的违约。该类型的违约路径可以做如下刻画。经济下行，下游产业需求低迷，使得处于上中游的强周期性产业（如煤炭、钢铁、有色、新能源、化工等多个行业）产能过剩，行业产品价格持续下降，企业盈利能力下降，经营亏损导致资产大幅缩水；工资刚性和各类税费使得营业成本没能随产品价格下行而成比例地下降，大幅侵蚀企业利润；在上一景气中进行了大规模投资，债务规模大幅攀升，短期债务集中到期引起流动性风险快速积聚，最终导致发债主体自身偿债能力下降甚至资不抵债。此种类型的违约主要集中在产能过剩行业，如煤炭、钢铁、光伏、化工等，发行人性质包括民企、央企、地方国企，但以央企及地方国企为主。总体而言，这类违约企业资产负债率普遍较高，个别企业高于 90% 甚至已经大大超过 100%；流动比率、速动比率绝大部分都小于 1，经营活动现金流量净额 / 带息债务小于 0.1，即不论是存量资产的偿债能力，还是经营创造现金流，都难以有效偿还存量债务。换言之，此类违约是由债券发行人的财务状况持续恶化引起的。

第二类是由企业经营不善与突发性的风险事件冲击叠加引起的违

约。此类违约酝酿时间较短，事前更不可预测。之所以不可预测，是因为它们的财务指标并没有显示出长久的恶化，这和行业景气长期低迷类违约很不相同。发行人的资产负债率并不高，整体处于较为合理的范围内，速动比率也各不相同，大致在 0.5~1.0，流动比率多数大于 1，长短期偿债指标明显好于第一类违约企业。但大多数发行的经营活动现金流量净额 / 带息债务依然小于 0.1，这表明，债务的流动资金保障非常脆弱，一旦受到公司治理或股权问题等引发的突发性事件的冲击，就很容易出现流动性紧张进而导致违约。

这类违约以民营企业为主，股东背景较弱，发行人自身的经营能力一旦受制于核心资产，一旦核心资产被剥离，债券信用就主要依赖于内部及外部担保。但遗憾的是，此类企业普遍受到股权事件、公司管理等冲击，内部担保形同虚设；发生违约后，外部偿债担保也难以发挥信用缓冲的作用，无法通过有效的融资活动提供偿债资金。例如，在此类违约中，银行可用授信额度与带息债务总额之间的比率，绝大部分都低于 1，有的甚至不到 0.2。一旦爆发违约风险，投资者对于债务偿还的保障性就大大降低。

第三类是由外部信用支持风险导致的违约。在此类违约中，主要是由子公司与母公司之间关联关系而爆发违约风险。根据母子公司之间的相对强弱，可分为母强子弱型和母弱子强型。前者以国企较多，侧重实质性担保。但由于子公司对集团的重要性下降而遭母公司"弃子",母公司不愿意为子公司的债务履行担保责任。例如,天威集团是河北天威保变的母公司,但作为上市公司的天威保变,其第一大股东是兵装集团,但兵装集团不愿为天威的违约兜底。再如,云峰作为绿地的子公司,其在绿地战略地位迅速下降,使得绿地并不愿意为云峰的违约承担责任。

母弱子强型主要是集团中优质子公司属于上市公司,但由母公司发债。此类以民企较多,通过上市公司股权质押成为其重要的融资方式。例如,宏达矿业作为淄博宏达的子公司,对母公司的利润贡献度在 40% 以上。2015 年 3 月,淄博宏达发行 4 亿元短期融资券,受钢铁业过剩产能的拖累,经营陷入困境,银行抽贷,恶化了流动性,其对子公司的股权质押比例已经达到 91.1%,最优质的资产早已被冻结,2015 年底不得不转让核心子公司宏达矿业 41% 左右的股权偿还部分巨额有息债务,结果丧失了对上市公司宏达矿业的控制权。

第四类就是另类违约。另类违约一般不涉及应付本息的拖欠,主要包括二级市场债券暂停交易或提前还款。此类违约虽不危及债券持有人的本息安全,但任何违背债券合约条款的行为,均应视为违约。例如,"15 铁物资 SCP004"就由于其发行人业务规模萎缩、效益下滑,需对债务偿付安排进行论证,申请暂停当天债券交易。暂停交易即便不是实质违约的前兆,它也使债券完全丧失流动性,使持有人无法通过市场交易而变现。提前偿付也日渐成为债券市场的新现象,如

"14 宣化北山债""14 海南交投 MTN001"两只城投债均宣布提前偿付。提前偿还虽不会导致投资者的本息损失，但让他们承担了再投资风险。

回顾过去一段时间中国信用债市场违约的发展过程，不难发现，它是从民企到央企，再到地方国企的演变过程；从无法支付当期利息，到本息皆无力偿还，投资者潜在损失越来越大的过程；从公司债到中票 PPN，再到短融的期限"由长及短"的过程；违约风险有逐步向评级高、股东背景较强的方向演化的趋势。总之，违约的演变过程告诫债券投资者：违约，一切皆有可能。

中国当下的债券违约是在全球经济复苏乏力的背景下展开的，是全球信用债违约上升的一个组成部分。标准普尔 4 月份发布的数据显示，今年以来全球企业已有大约 500 亿美元的债务违约，违约企业数量创出 2009 年金融危机高峰以来的最高水平。其中，能源行业违约最多，金属、矿产和钢铁行业违约数量位居第二，全球最大私营煤企皮博迪能源公司等均榜上有名。可以说，周期性行业违约成为全球信用债券违约的共同特征，在全球低迷的经济中，中国企业债券违约并不"孤单"。

全球经济不振的外因，再加上国内经济进入增速换挡的内因，共同构成了国内信用债违约的大环境。违约是信用真面目的一个侧面，即便在经济景气时期，也可能有企业的非系统性因素而导致点状式的违约。但违约由点到面的铺陈而呈现系统性的特征，那一定会伴随着不那么令人愉悦的宏观经济环境；换言之，系统性的违约不过是宏观经济景气下降甚至衰退的一个镜像，国内外均是如此。过去数年里，中国经济增长率呈现逐级下滑之势，需求不振，投资缩减，对中间投入品的需求大幅减少导致 PPI 长达四年多的负增长，企业债务融资的实际利率高企，构成了中国企业债券信用状况的大气候与大环境。

宏观经济与需求不振所形成的冲击，在不同行业间的分布并非均匀的。那些所谓强周期性行业和小企业，更容易受到不利冲击的影响，因此，债券违约具有重要的行业性根源。需求不振导致强周期性行业（如钢铁、煤炭和水泥等）出现了严重的过剩产能，设备利用率严重不足。例如，钢铁行业的高炉开工率不足 80%，浮法玻璃的设备利用率仅为 60% 多。大量的设备闲置意味着，通过举债融资而形成的产能无法转化为有效的产出和持续经营现金流。因此，大举借债而形成产能过剩的行业持续大面积亏损是一个普遍现象。例如，据统计，钢铁行业的上市公司中，亏损公司数量占了 1/3。这表明，举债者要么通过经营活动筹措偿债资金无望，要么通过新的筹资而偿债。但"拆东补西"的举债－偿债模式不过是苟延残喘的伪信用罢了。

正如前文所述债券违约的不同类型时所强调的，企业过高的杠杆率、治理机制不完善、持续亏损、经营活动与投融资活动现金流较低，是信用债违约最主要的微观原因。在第一类债券违约中，资产负债率普遍很高，经营状况随宏观与行业大环境而不断恶化。除此之外，不完善的公司治理机制与不断恶化的财务状况相结合，正成为一些企业违约的直接推动因素。这在民营企业中更为普遍。在民营企业中，实际控制人对企业经营往往具有决定性的影响，一旦其出现意外，企业资信就会迅速地恶化，再也得不到银行信贷支持，导致资金紧张甚至资金链断裂，最终导致债券违约。尤其是，当实际控制人意外与企业持续亏损碰撞在一起，就会使企业的信用迅速瓦解。典型的例子如南京雨润。也有民营企业是因为股权纷争、实际控制人缺位导致债券违约的，如山水集团。

债券违约对经济会产生什么影响？债券违约不仅影响债券市场本身，还会对宏观经济与其他金融市场产生负面冲击。

首当其冲的自然是债券市场本身。债市违约拖累一级市场，影响债券市场的融资功能。2016年前四个月，因违约而推迟或取消发行的债券大幅增加，各月分别为387亿元、111亿元、484亿元和1144亿元，推迟或取消发行的债券只数分别为39只、21只、61只和118只。推迟或取消债券发行，使得企业筹资活动现金流下降，进一步可能加剧违约风险。不仅如此，违约提高了债券的风险溢价，使得债券发行利率水涨船高，不利于"降成本"。例如，今年2月至4月企业债券的平均发行利率分别为3.9558%、4.4158%和

4.9464%，企业债券发行利率呈逐月上升之势。另外，鉴于到期债务积压，加之实体经济投资机会不多，很多企业募集资金的目的主要是偿还银行借款或者缓解流动资金紧张，导致债务发行短期化趋势越来越明显。据统计，1年以内品种占比已由2011年的17.26%提高到了2016年3月末的24.68%，而10年期以上券种占比则进一步下降到6.34%。债券发行期限的短期化，意味着未来更大的短期偿债压力。

违约冲击的当然不只是债券发行市场，二级市场也难以幸免。从2014年初开始至2016年初，由于经济下行压力和宽松货币政策的影响，债券市场演绎了较长的牛市行情，无论是利率债还是信用债，收益率不断下行，相应地带动了债券发行利率下降。但债券市场因信息不对称的影响，违约事件增加使得风险溢价上升，不仅会极大地影响债券市场的总体收益率，还会影响债券市场的相对收益率。前者表现为债券市场收益率中枢的整体上移，后者则表现为信用利差因违约率上升而走阔。债券收益率中枢的整体上移意味着过去两年的债券牛市正受到违约风险的压制，信用利差的扩大则意味着不同信用级别的债券走势将出现新的分化。

以债市首例公募债"11超日债"违约为例。2014年3月4日超日债违约前一周，银行间企业债信用利差基本呈缩小之势。其中，1年期缩小5~26bp，3年期缩小17~23bp，5年期缩小1~16bp。但在超日债违约后一周，信用利差迅速扩大，尤其是中短期品种。1年期扩大5~15bp,3年期扩大9~21bp,5年期除AA-评级缩小6bp外,其余扩大7~15bp。当时,各主要期限和等级企业债信用利差均位于历史3/4位数以上。违约三周后,利差扩大到最大值,1年期AA级中票收益率最大上行了46bp,其他期限品种收益率上行15~25bp不等。

进一步来看,债券市场的信用风险、价格风险(收益率风险)和流动性风险是相辅相成的。信用风险上升导致收益率水平上升,债券市场的流动性并因此而下降,流动性下降会反过来导致流动性溢价上升和债券价格下跌,进而强化信用风险。实际上,自中国出现信用债违约以来,许多违约债券暂停交易,使其完全丧失了流动性;违约也导致了债券成交量的萎缩。须知,金融市场得以良好地定价的首要条件便是良好的流动性,从而使得债券价格得以更好地反映发行人的资信状况,并由此引导债务资本的流动。然而,债券市场的动荡导致社会对信用的定价出现混乱,使得金融市场系统性风险偏好下降,由于不完全信息的影响,债券价格就可能对企业资信做出错误的反应。

违约不仅影响了债务市场的总体收益率水平,还会通过金融加速器机制对宏观经济造成严重的冲击。大面积的债券违约会恶化金融市场的信息不对称问题,使得企业外部融资的风险溢价相应大幅上升,这会给企业投资带来较大打击,从而使宏观经济对违约率和风险溢价的变化做出非线性的反应。这就是债务违约严重拖累宏观经济的重要原因和机制。当然，债务违约导致的风险溢价上升并不局限于债务证券市场本身，违约高发最终使所有金融资产的风险溢价上升，冲击传染至其他金融市场，如股票与外汇市场。因此，违约率大幅攀升往往会伴随着股票市场大幅下挫、汇率贬值等金融市场的多重过度反应。这一点，中国 2013 年发生的"钱荒"，实际上有过深刻的教训。

在讨论债券违约可能形成的方方面面不利冲击之时，我们也应当肯定其积极的一面。违约固然是不受人待见的，但债券违约并不全是"恶魔"，违约本身就是信用表现的一个方面。中国债券市场长期的"刚兑"使得中国债券市场脱离了其应有的最重要的特征：信用风险。打破刚性兑付，出现适度违约，可以还原信用的本来面目，有利于发挥投资者的约束作用，让债券投资者在资产配置中更加谨慎而充分地利用各类信息进行鉴别和筛选，使债券市场收益率更好地与信用风险、企业资金使用效率相匹配，债券收益率（利率）可更真实地反映企业筹资的使用效率。因此，适当的违约将促使债券市场的价格信号可以引导市场资源配置效率的提高。正是在这个意义上，违约是中国走向成熟市场经济所不得不经历的浴火与炼狱。

接下来一段时间，中国债券市场信用状况将会如何演绎，我们可以从宏观和微观两个层面做不同的考察。总体来讲，中国企业债券的信用前景并不乐观。宏观经济的走向仍是决定债券市场总体信用状况的系统性因素。但是，很遗憾的是，宏观经济环境不易改善，潜在

债券市场违约：现象、原因与改革方向

增长率下降、全球供应链重组和国际产业转移的新趋势、中国日益重视"清洁的增长"和"清廉的增长"对 GDP 挤水分等诸多供给面的约束，使得中国正在告别过去那种高的增长时代。虽然有人说今年以来的增长"超预期"，但这种乐观是极其脆弱的，因为虽然政府投资拉动了全社会固定资产投资增长率的回升，仍难掩民间投资的悲观情绪。

近期房地产市场的回暖难以形成新一轮的持续性景气周期，因而它也难以像过去十余年里那样带动与之相关的上下游产业的需求。尽管一、二线城市的房地产价格出现不同程度的上涨，房地产新开工面积增加和投资升温，但与居民收入水平格格不入的房地产价格极大地抑制了居民的有效需求。因此，房地产繁荣中的"高房价"终将埋葬房地产业的繁荣，更何况，中国依然有庞大的高库存压力需要消化，因此，企望房地产投资回升带动制造业走出困境不切实际。

房地产投资的回升难掩制造业陷入冰窟的尴尬，工业企业主营收入增长陷于停滞。衰退性顺差延续，中国的进出口增长率仍处于下降通道中。中国经济贸易依存度下降，反映了 2008 年以来中国在全球经济再平衡中付出的巨大成本，全球供应链重组使中国出口导向型增长难以为继，这是导致中国制造业陷入困境的国际因素。再者，虽然 2016 年以来大宗商品价格出现了大幅上涨，在一定程度上有利于扭转通缩和改善相关行业企业的现金流，但这是在去库存与供给侧改革下的短期上涨，并没有真实需求上涨的基础，因而也难以持久。这与上次商品牛市库存压力较轻、涌现的新需求截然不同。这即是说，我们是无法寄希望于商品价格持续性上涨来改善企业现金流，从而改善企业的信用状况的。

面对经济下行和高杠杆，未来的宏观经济政策取向对信用前景会产生重要影响。在增速放缓与高杠杆积累的风险充满矛盾之际，政府的宏观经济政策选择再也不像过去低债务率下那样得心应手，政府不得不在增长与去杠杆之间加以权衡。那么，未来宏观政策到底是为了增长而不惜牺牲金融稳定，还是以更加不可控制在金融风险的积累而换取短期的增长呢？对此，前不久权威人士事实上给予了明确的答复。他说："去杠杆，要在宏观上不放水漫灌，在微观上有序打破刚性兑付"，"要彻底抛弃试图通过宽松货币加码来加快经济增长、做大分母降杠杆的幻想"。既然通过加码宽松货币政策做大分母降杠杆的路走不通，那就只剩下缩减分子的唯一道路了。缩减分子是什么？那就是债务紧缩。但债务紧缩不可避免的后果之一，就是一段时期违约率的上升。

在这样的宏观环境下，众多发债企业的财务状况又令人沮丧，诸多企业面临巨大的短期偿债压力。在我们统计的 1160 余家非金融企业中，短期债务与总债务之比超过 50% 的达 831 家，其中 163 家企业超过 90%。不单如此，发债企业的偿债能力总体上又显得比较脆弱。首先，相当一部分发债企业资产负债率奇高，仍有85家发债企业的资产负债率超过80%，15家企业的资产负债率超过90%。其中，新疆八一钢铁、云南云维、江苏舜天船舶资产负债率分别高达107%、138%和285%。其次，货币资金与总债务、货币资金与短期债务之比都非常低，筹措偿债资金的压力较大。再次，近一半发债企业主营业务利润增长率为负。最后，信用债负面评级呈现逐年上升之势，2011~2015年信用债负面评级只数分别为6只、10只、39只、162只和197只，2016年截至5月9日的负面评级信用债为37只。

总之，无论是宏观环境，还是发债企业自身的微观因素，都不利于我们对中国信用债券市场的前景做出乐观的展望。或许，中国债券市场正在以让人意想不到的速度挥别一直被人诟病的"刚兑"，迎来"违约"的新常态。这是中国债券市场走向成熟不得不经历的磨难。我们希望，在经历违约潮之后，中国能够树立起信用契约精神，债券市场稳健发展的基础更加牢固。

扩大债券融资是中国金融改革的重要方向，这并不会因为近期的债券违约增加而改变。但不断增加的债券违约提醒我们需要创造更好条件，促进债券市场稳健发展。为促进企业债券市场健康发展，提出了以下若干建议。

第一，稳健的宏观经济政策是债券市场健康发展的重要条件。事实证明，过度刺激的宏观经济政策虽在短期内达到了GDP增长之效，却加剧了经济周期波动和长期风险。正如权威人士所言："避免用'大水漫灌'的扩张办法给经济打强心针，造成短期兴奋过后经济越来越糟。"宏观刺激措施往往纵容企业过度举债，尤其是政府不当的产业政策往往导致某一行业的债务急剧扩张，中国的光伏产业、钢铁产业的债务违约，均和宏观刺激下的债务扩张所形成的债务积压脱不了干系。

第二，发债企业应把"信用"当作"信仰"，严格树立信用契约精神。为此，企业的谨慎举债是防止信用风险、促进债券市场稳健发展的第一道防线。这就要求发债企业应对自身负债能力和未来的前景有谨慎的充分评估，包括宏观经济、行业周期等。如今违约的大多数发债企业，过去在扩张周期都对未来有过于乐观的预期。同时，完善的公司治理机制有助于降低举债风险，也有助于防止将偿债能力寄托于实际控制人身上。

第三，中介应尽心尽职地履行其不可回避的义务，对提供中介服务时可能存在的"利益冲突"要保持克制之心。在金融市场的运行中，中介机构是投融资活动的桥梁和组织核心。在债券市场上，主要的中介机构包括主承销商、评级公司和担保公司，其中最为核心的是债券主承销商，应在尽职调查、信息披露、持续督导方面尽责。但国内部分承销机构在业务架构、内控机制、激励机制上存在弊端，重发行而轻后续督导，忽视项目质量，尽职调查流于形式。一旦出现违约，主承销机构的信誉其实也难免受到牵连。为了提高承销机构的服务水平，监管部门应从监管、违规惩罚等规则上入手，提高主承销商违规成本；主承销机构应着眼于长远发展，注重品牌形象的建设，从激励机制、组织架构、内控机制入手，促进业务团队切实关注发行人的后续发展与投资者的权益维护，增强业务发展的可持续性。

信用评级是债券资信的基础衡量标准，但中国的评级虚高现象是路人皆知的事实，评级结果缺乏指导性，不能准确地反映发行的资信状况。而且，评级具有严重的滞后性，往往是发行人出现了某种不利冲击之后，评级机构才相应地调整其评级。作为信息的第三方生产者，评级机构应当客观和公正，同样需要克服利益冲突，不能仅着眼于发债企业当时的状态，应根据其所处行业、企业自身的管理和产品特征做出前瞻性的评级。

完善担保人约束对债券市场的稳健发展同样重要。第三方担保是债券信用增级的重要手段。当债券违约时，担保人对违约风险具有缓释作用。但是，在部分债券违约中，担保机构存在"担而不保"，使投资者的利益受到了严重损害。鉴于此，应强化对担保机构的监管要求，促使担保机构更尊重契约精神，切实履行担保责任。

第四，完善债权人司法救济制度，破产和解、破产重整和破产清算都应当成为保护投资者的最后机制。正如权威人士所言，"处置'僵尸企业'，该'断奶'的就'断奶'，该断贷的就断贷，坚决拔掉

'输液管'和'呼吸机'"。破产是保障债权人权益万不得已采取的措施，也是对过度举债而又无法有效率地使用资本的企业实施的必要惩戒措施。但中国尚未有效地实践破产，结果债权人承担风险比普通股的风险还要大，导致很多时候债券的风险溢价比普通股还要高，这扭曲了股票与债券的市场定价机制，也助长了股票市场的投机。

第五，加强投资者保护工作。中介机构的尽职尽责、破产制度都是债券投资者的保护机制，但这里主要强调完善信息披露和投资者保护条款。现行信息披露制度虽然形式完备，但存在突出问题：信息披露缺乏具体要求，执行力度严重不足，披露质量不佳，重大信息披露不及时或不披露也时有所见，财务数据的定期披露频率过低或滞后时间过长。这些弊病使得债券投资者不能及时地获取债务人的信息，不能对潜在的信用风险做出及时的评估和反应。鉴于此，我们建议强制要求债券发行人提高信息披露的及时性和频率，按月公告主要财务数据，实行违约可能的预披露等。

另外，还需完善投资者保护条款。借鉴国外债券市场的经验，引入交叉违约、加速清偿、限制性条款等偿债保障条款。作为事前防范规则，限制条款、交叉违约、加速清偿等偿债保障条款的主要目的在于维持发行人的风险水平，并保障投资者在发行人信用状况发生重大改变时享有退出选择权。在处理违约时，预期违约与现实违约应该享有同等的保护权利。但在实践中，由于债务人负有不同期限的偿债义务，当剩余期限较长的债券持有人发现债务人前续债务出现违约时，但由于其持有的债券尚未到期而不被认同为违约，这给剩余期限较长的债券持有者的权利保护带来了非常大的障碍。因此，当债务人出现率先对已到期债务违约时，在债权保护方面应对所有债券持有人有通盘考虑，这就需要我们对"违约"给予更好的法律定义，同时改进债券持有人会议制度，使其切实发挥其在保护投资者利益中的作用。当出现违约时，同一发行不同债券的持有人应享有同等的权利。

最后，我们想强调的是，债券市场的创新应在不放大风险、减少风险传染的前提下进行。过去，我们曾把中小企业集合债当作债券市场重要的金融创新，但事实证明，这种创新固然在一段时期降低了债券发行的难度，但也导致一些企业在信用方面搭便车的行为，以致潜在的违约风险很高。针对当下违约上升的趋势，不良资产证券化开始兴起，监管当局甚至鼓励保险公司开展信用保险。这样的金融创新只是转移了信用市场的风险，信用风险并没有因此而消失，相反，它加剧了违约风险爆发后的传染性，对长期金融稳定有不利影响，应当引起高度警惕。

## 主持人 ／ 李扬：

刚刚兴韵给了我们一个全面的图景，对当前债券市场存在的问题进行了全面的分析，我觉得做得挺好的。

他刚才谈到了前景问题、债务紧缩等，我觉得我们面对这种情况应当非常明确地认识到我们处在危机中，债券市场违约问题，银行信贷不良资产增加的问题，还有影子银行中很多风险的问题，很集中地反映了随着中国经济的下滑，金融风险逐渐暴露。大家都知道最近中国金融风险，特别是债券违约，受到国际高度关注，国际货币基金组织最新的报告中列了专章讲中国，英国《经济学家》有篇专文讲中国，其他还有很多。围绕债务问题、金融风险的问题，我们实验室最近也发布了一系列的成果，包括债转股，包括去杠杆，我们会不断推出一些成果。

大家应该非常明确，我们目前就是要处理危机。要处理危机，就需要拿出一些资产，拿出一些优良资产来解决不良资产。这一点非常明确。

第二点，这样一些债务的处理，信贷，还有债券，一定要和企业改革密切联系在一起。如果你处理债务变成了让企业可以逃废债，那就不是一个好的政策。权威人士在那篇文章中用了很多的话表达了这样的意思，就是，该死就得死，该惩罚就得惩罚，绝对不能通过金融的手段让它们苟延残喘，绝不允许破坏整个的市场规律。

根据安排，下面进行评论环节，一共有两位，一位是陈尚前先生——第一创业证券董事总经理、资产管理部联系负责人，第二位是高占军先生——中信证券董事总经理。

首先请陈尚前先生评论。

债券市场违约：现象、原因与改革方向

**陈尚前：**

首先非常感谢李扬老师和彭教授给我们这么好的机会，能够和大家一起分享交流一下。

刚才彭教授的报告，昨天我也细细地学习了一下，讲得非常全面，特别是对中国债券市场违约的情景、现状、应对进行了全面阐述，正文出来会看到更加精彩的讲述。

我从业以来一直做债券管理，更多的是市场投资者，我更多会从债券投资实务角度谈谈我的看法，不一定对，供大家分享参考。

我想谈五点个人看法。

第一，因为我是 1998 年从业做债券的，那时候到现在已经 18 年了，信用违约也是债券资产管理遇到的新问题。我个人把债券资产管理从实务的角度分三个阶段。

1997 年之前，债券是一个投机性的工具，最典型就是"327"国债事件，它更多的是一个交易工具。

1998 年以后成立了债券市场到 2005 年，是规范发展的阶段，我们的投资策略是以利率管理为主导的阶段。这个阶段的特点和当时中国的经济状况密切相关。我跟高博士当时开会的时候也聊过，中国 1998 年到后面 10 年好光景，是半封闭的经济体，所以中国采取了外向型经济为导向，参与全球化分工，中国是世界工厂。我们跟国际金融市场、跟国际政策相关性没那么强，所以中国财政和货币政策特别有效，那时候是做债券的黄金时代，我们用美林时钟判断中国宏观经济处于什么阶段，经济景气，通胀要来了，我们就降久期，买短期债券，短期国债、短期金融债，经济衰退，政府要采取扩张性的财政和货币政策，这时候我们加久期，成功率比较高。

2005 年之后，我个人认为这个阶段有新的变化，就是第三个阶段，信用债出来了，或者叫名义的信用债，CP 短期融资券，长江电力第一只公司债，短融出来了。这个阶段到现在，特别是到去年，第三阶段的第一个子阶段，我们的信用还是政府隐性担保，或者叫政府隐性信用债，我们这个阶段的策略实际上还是以久期策略为主导，还是做期限调配，对信用风险担心不多。这个阶段里面有几个策略，从资产管理角度，一是中低等级＋高杠杆，比如城投债 7 年期＋高杠杆。当时我也担心，信用风险在不断累积会不会出现问题，最后发现每次都化险为夷。二是自上而下，类似资产配置来做，这个策略就是相对对宏观把握很高，但是难度越来越大。2008 年以后，中国金融市场开放程度越来越高，外国经济的变化、外国美元政策变化对中国产生

　债券市场违约：现象、原因与改革方向

了很大的影响，中央政府也在边干边学，有时候一个经济周期三年到五年，有的时候一年就走完了，我们作为参与者也比较难做。我说的刚才这个策略波动比较大。从去年开始，信用违约正式开始暴露，进入了第二个子阶段，中国的标准化债券市场进入了纵深发展，信用开始暴露，信用市场开始市场化定价。这个阶段，我认为时间还很长，这种市场化定价不是一蹴而就的，信用利差在某种程度上还在收窄，在信用风险暴露的情况下，这里面有市场本身发展、市场结构、投资者结构、工具等多方面的综合影响。这是我个人的第一个看法，中国进入了一个信用违约出现的纵深发展阶段。

第二，我谈一下信用风险暴露的原因。

我个人从两个角度来谈谈。一是从 2008 年到去年之前，信用还是伪信用，还是政府隐性，因为过去中国还属于高速经济增长，是一种粗放式增长，中国投资回报率很高，对于企业加杠杆而言，企业投资回报 ROE 远远高于财务成本，它只要能够融到钱，保持投资回报率很高，就扛过去了，信用风险暴露的可能性非常小，这是粗放式高速经济增长的一个状态。现在进入新常态，经济转型，中国进入中速增长的阶段，整个社会投资回报率下降，由于利率市场化，过去 30多年的改革开放实际上让储蓄者做出了牺牲，现在利率市场放开了，利率降下来很难，这是对储蓄者的补偿。一方面整个社会资金成本由于储蓄者收益率下降比较慢，另一方面全社会投资回报率下降比较快，所以企业的财务成本实际处于利差不断收窄甚至倒挂的状态。信用不怕短期就怕持续。2011年是城投债危机，2013年是流动性危机，经济是很差，但是扛过来了，因为把短期流动性滚动起来，能够输血，就能够生存，但是这两年扛不下来了，一方面利差收窄，另一方面持续通过短钱来扛，难以为继。

二是过去长期积累的信用风险集中暴露，过去由于政府维稳或者其他需要要求"刚兑"，这个过程中，中国以政府信用为主体的债务融资方式，包括银行的间接融资，包括信用标准化市场，还是政府信用为主，要保持"刚兑"。还有就是彭兴韵博士讲的，过去我们对标准化债券投资者保护不够，基础设施严重不足，我们没有真正的破产法，破产法是对债务人最好的宪法，对标准化债券投资者没有一个保护法，包括其他基础设施更没有，包括破产流程、程序、债券投资者大会等，这些都是空白，或者都是一个需要未来我们不断去推动的过程。这些因素综合起来，遇到了大的宏观转型，必然导致一个风险，在这个集中时点暴露。2013年也可能暴露，但是由于政府政策，到2015年、2016年开始集中暴露，这个暴露是必然的，但是时机的确不好把握。

第三，我想谈一下对信用风险的一个看法。这个彭博士谈了很多，非常精彩，我对此做一个补充。

一是信用风险是宏观经济系统性风险的反映，通过金融加速器导致了一个正反馈或者负反馈的作用。之前中央政府一直提的不能导致系统性风险暴露，如果现在不控制好，很有可能通过金融加速器形成集中的系统性风险暴露，这个暴露是我们整个金融系统不能承受之重。

二是信用违约具有高峰厚尾和聚集性发生的特点，美国垃圾债2008年前面十年违约率非常低，但是2008年集中暴露，中低等或者垃圾债在经济稳态状况下违约率很低，但是一旦遇到大金融危机，所有东西全部暴露，中国现在就是这个状态。李老师刚才提到，我们现在就是债务危机的状态，这种危机状态极容易持续性、大规模、集中爆发信用违约。这个特点对我们投资非常重要。前面十年没有违约或者违约率很低，是不是不做风险管理了？不能这样，因为你不知道哪一次系统性风险会暴露，哪一年会暴露，我们必须要坚持一个投资原则去把握好每个阶段。

三是信用风险不是单一的，当信用风险全面爆发的时候流动性风险一定会同时发生，"屋漏偏逢连夜雨"，流动性风险甚至利率风险一定会同时发生，我们一定要把握好全面的风险。

第四，中国债券市场信用风险定价以及信用市场化处于过程之中。一是我们受宏观经济影响比较大，这个阶段时间还会比较长。二是一个市场从原来相对封闭忽然走向市场化，它一定是一个渐进的过程。因为这个市场各个基础设施、参与主体、工具、投资者结构都有一个适应、学习、完善的过程。从去年以来，信用已经开始暴露，大家都在谈信用风险。一季度，三年期的 AA 和国债之间利差还保持在历史比较低的分位，为什么？主要是投资者结构的原因。

还有一种原因，今年大规模委外，很多大行、中小银行不断增加资金，去年是试水，今年大力开展。这些钱通过市场化的投资管理机构进入市场。我们看到中国的标准化债券市场，过去以银行为主导，银行是配置，买入持有，成本计价，但是大规模委外改变了市场的一个策略，从配置向交易驱动，要盯市了。银行给我们的钱一年一结算，到时候根据当年收益率来计算超额业绩。现在大部分机构变成交易驱动的机构，这样在某一种短期局部情况下，可能出现不合理的状况。一季度来了钱就要配，债券的时间价值很高，配的过程中在某一个阶段点利差收窄，未来会慢慢恢复到常态。这是我们的看法，不一定对。还有一点，因为信用利差包含流动溢价和违约溢价，过去信用利差更多反映了流动性溢价。

第五，机构投资者在未来信用市场大发展状态下，我们怎么做管理，这个可能和这个话题相关性不是很强，我谈一下我们的看法。

前面提到我们过去更多的是承担利率风险和流动性风险，但是未来信用风险一定是我们机构投资者非常非常重要的收益和风险来源。如果把这块风险管理得当，会产生很多的收益点。有些人已经发高收益基金、高收益产品了，这未来是一个非常大的产品系列，但是

　债券市场违约：现象、原因与改革方向

需要时间和过程。这里面有一个重要的影响，机构投资者考核业绩和标准。我在基金做过，包括券商，管一个大的债券基金，能给客户赚1亿元，但是组合有1000万元违约了，我可能都得下岗，我要在二级市场波动一下，亏1000万元，最后赚9000万元，没有问题，因为最后算的是整个组合的收益率，而不是中间某个产品违约了，我可能买20只产品，出现1000万元的违约，理论上还要再考虑回收率，可能50%回收，我只亏500万元。但是公募基金现在就明确了，一旦出现这种问题，你可能就得下岗，导致大家一旦有风吹草动都会抛售，但是反过来，抛售这种制度上的约束也实际上带来很好的交易性机会，谁走在前面谁得益。这是我的一个看法。

对于信用风险管理总结了三句话：严格入库，组合适度分散，动态调整。首先，我们做债券的避免违约是关键，谁也不愿意踩雷，严格入库非常重要，你有没有一个非常严格的标准跟你产品的风险度、投资范围和收益各方面综合起来的库，这个库或者名单非常重要。因为债券评估评价都是相对评价，并不是说打80分，这个债券就不会违约，这个80分，相对于市场几千只债可能在80分位数，违约的概率很小。如果整个组合容忍度比较低，80分以上才买，最后都是高等级为主；如果容忍度适当，愿意承担一定的风险，可能60分、70分以上，这个标准是核心，未来信用的标准是每家机构的核心。其次，信用债集中持有不能带来持续超额回报。比如一个组合就买一个债，收益率很稳定，实际上这个风险巨大无比，我们做信用管理，不知道哪一年信用风险会暴露，在管理过程中，我们一定要分散，但是不能过度分散，因为过度分散管理成本过高。信用研究这几年刚刚开始，不像股票研究已经一二十年了，对信用真正有研究的支持非常少，从研究的管理成本来看，也只需要适度分散。集中持有不能带来超额回报跟信用产品的特点相关，信用品有一个特点是负偏态分布，你买一个 5% 的债，三年，你的收益就是 5%，今年赚 6%，明年赚 4%，后年赚 1% 或 2%，平均也就是 5%，但是一旦违约可能 50%、100% 的损失，所以是一个负偏态的分布，上涨收益有限，下跌风险无限。股票正好相反，股票是正偏态，对股票而言，最重要的是抓黑马，抓不到黑马，赚不到钱，但是对债券、信用，实际是避免踩雷，一旦集中持有几只品种，踩了一个雷，很有可能整个收益覆盖不了所有风险。最后一点，动态调整，因为信用长期持有一定面临违约上升的风险。以前美国的通用汽车，多牛，某一阶段它的信用评级比美国国债还高，后来破产违约了。我们的信用评级最高等级是 3A，企业一旦出现信用质量下降，风险上升，长期持有信用债是面临违约上涨的风险，对信用组合要跟踪它的质量变化，进行动态调整。

以上是我从投资者的角度讲的，不一定成熟，供大家参考，谢谢！

## 主持人 ／ 李扬：

评论非常专业，而且很全面，如果说彭兴韵只是给了一个总图景，你的评论就是在一些领域给了深度的挖掘。有几点值得注意。

第一，市场违约非常明确的就是信用违约。信用这个事儿我们一直在讲，因为以前全社会的信用都由政府信用罩着，各主体的信用不大显现，现在放出来了，随着"让市场在资源配置中起决定性作用"的路子展开，信用的评价就应当放给市场，风险的评估就应当放给市场。对这段时间发生的违约问题，我们必须认真分析，发掘它背后的真正意义。刚才的分析表明，这一违约，事实上开创了中国债券市场发展的新阶段，这就是，各种经济主体的信用直接面对市场，由市场来评价并给出价格，这在以前是没有的，因为我们过去的信用都是国家信用。现在，债券市场率先把这个事揭示出来，而且，看起来，这种事情将会常态化。这对中国的债券市场乃至整个金融市场的发展，都是好事情。

在中国，我们很多广为流传的道理都是扭曲的，甚至是误解。比如，大家一般都说利率是货币的价格，这其实是错的。利率是信用的价格，对此，弗里德曼就曾经多次说过，货币的价格是通货膨胀，而信用的价格才是利率，所以才会有信用高、信用低的利率选择问题。在中国，这种理念没有很牢固地树立，我以为，从此以后我们必须牢固树立。这个问题非常值得我们关注，我们整个的研究都应该把力量往这上面偏。和第一创业合作，因为他们在市场上感觉到信用风潮滚滚而来。这是我们经济走向成熟化的一个必然阶段，经受信用风险的冲击，是我们走向发达市场经济不可少的一个磨难，这点值得我们注意。

第二，信用风险一旦走到前台，确实就会和别的风险交织。最近的风险可能是流动性风险。流动性风险我们出现过两次，就是在政府严厉控制的流动性体系中也搞过两次，大家不知道风险在哪里，监管当局也受到很大的冲击。他的讲话越发证明了今天以这个论题作为实验室第一期讲坛是正确的。

下面有请中信证券董事总经理高占军点评。

## 高占军：

首先祝贺一下国家金融与发展实验室"智库讲坛"开张了，而且这次开张选了一个债券市场的主题，我也很想祝贺一下国家金融与发展实验室和第一创业证券做的中国债券论坛。

钱总在开场中也提到怎么样看待中国债券市场的问题，李老师和钱总都是很有责任感、使命感的，他们在做中国债券市场，是中国债券市场之幸，这是我的比较深的一个感觉，实实在在的。

刚才兴韵讲了一个专题，这个专题做得很好，从违约的类型、违约的原因、违约的影响、违约的分布和前景，讲得非常清楚，尤其是最后这部分，讲到违约的前景和分布的时候建立了一些模型，从各个角度去分析，我觉得非常到位，不仅有利于我们从宏观的角度、整体的角度把握债券市场的风险，同时也很具有实操性。

我们谈债券市场违约的时候，最近 15 年中国债券市场经历了三次信用重估。2015 年超日债违约的时候，大家讲这是中国的雷曼事件，其实远远不是，小题大做。最近 15 年的这三次违约，第一次是2008 年金融危机期间，这次违约主要是来自外界的影响，当时有很多例子，因为那时候债权人还比较强大，尤其是大的银行，组织债权委员会来和企业对峙，政府多方面介入，都对付了，那次外部冲击最后都化险为夷。第二次信用重估是 2011 年，大家谈城投债色变，我们现在看到城投债的信用利差在市场上基本是最低的，因为有地方政府的举债，地方政府的置换，整体系统性地把地方政府以及城投企业的金融风险给释放出来，所以现在信用利差是最低的。但是在 2011年可不是这个样子，因为 2011 年是一个宏观调控的背景，同时因为整个城投企业和地方债务大家比较担心风险，一些监管部门、主管部门开始介入，而我们分析城投债报表，系统性地还不起钱，那样一个市场环境、宏观调控的环境加上信用债本身的问题，大家不知道谁来解决。市场上的机构，一天无论什么价格，能够卖掉 5000 万元就卖掉 5000 万元，基本上不计价格，那时候也有很多委托人，池子里如果有城投债一定要卖掉，没有条件，就是出清，所以那时候信用利差扩得很大。第三次信用重估就是现在，现在这轮重估从 2013 年开始到现在接近白热化。2014 年上半年，大家对中国债券市场的信用风险已经比较关注了，去年 4 月份前后我连续参加了三次关于债券、信托方面的讨论会，评估违约的风险究竟会有多严重，是不是会有系统性的蔓延，当时会上讨论的结果，没有问题，打破刚性兑付是好事情，不会有系统性问题，可以有序释放风险，当时是那样一个结论。

最近两三年如果大家关注两会的政府工作报告，不止一次讲过我们这么大的经济体，出现一些局部性违约是正常的。所以这一轮信用的重估有这样一个大的背景，从现在这个时点来看，也有一个很重要的市场条件，这个市场条件很重要，因为最近这两年债券市场收益率下降得很快，收益率基本是历史最低，收益率曲线的平坦化程度，去年下半年，长端下来以后也非常平坦，另外一个，信用利差，无论是从 AAA 还是 AA+，还是 AA，一直在往下，信用利差都比过去十几年平均水平低很多，历史平均水平我们测算是 60 个到 70 个基点，现在 AAA 产品的信用利差就是 30 个、40 个基点，大概是这样一个水平。所以信用利差也是最低。

在这种情况下，如果债券出现流动性风险，出现违约风险，它的冲击比较强。今年 4 月的冲击就是一个很好的样板，收益率一下子上升到 70 个、80 个基点，那时候大家都想把信用债赶紧卖掉，流动性枯竭。所以我觉得一个是对违约的担心，一个是流动性的风险，在这样一个市场条件下达到一种极致。最近市场当然稍微有一些回暖，但是离原先还差很远，大家目前仍然比较谨慎。

我们在去年 12 月曾经提过债券市场泡沫的问题。我们担心三件事情，一是 2016 年货币政策的操作可能不如市场预期宽松，二是债券发行压力可能会持续加大，三是信用风险的蔓延。

我们现在的经济指标有一些很不错，尤其是今年一季度，指标不错怎么会大面积出现违约呢？很多人觉得不可理解，我觉得这个很好解释。我们看几个关键的指标，第一个指标，比如说 ROE，所有非金融的上市公司 2015 年底的水平是 4.8%，上一年的水平是 6.1%，再上一年的水平是 8% 多，再上一年的水平是 9% 到 10%，基本上最近几年在台阶式下跌，2015 年的时候步幅一下子拉大，还有像存货的周转、应收账款的周转这样一些指标，其实也急剧恶化，应收账款的周转以前平均 90 多天、100 天，现在就需要 140 天、150 天。另外，债务的压力还是很重，国家金融与发展实验室推出的《国家资产负债表》里面有中国非金融企业的数据，我印象很深的是关于非金融企业大的资产负债表，里面债务和负债分得很清楚，债务之外的负债企业之间的信用其实扩张很快，对于应收账款、存货的数据都是成序列的，大家看看那个会很有感触。另外一张表就是有关非金融企业资产负债表，截至 2014 年的数据，资产是 340 万亿元左右，负债 200 多万亿元，资产负债率 60%，整个中国非金融企业目前是这样的状态。在这么大的债务体量下，我们从整个债务的角度，每年利息负担就是 8 万亿元，相当于我们一年如果有 16 万亿元社会融资总量，一半支付利息。《财经》杂志上姜建清的一篇文章讲的是银行贷款，现在的银行贷款做的不是增量管理，而是存量管理。什么概念？我有相当大的一部分是要为贷款客户做再融资，如果我不做再融资，他可能就会撑不下去。

国际货币基金组织在今年 4 月《全球金融稳定报告》里面，专门的篇幅，有十几张的表和图，非常细地看中国的情况，跟踪中国 2000 多家企业的样本，它的债务情况会怎么样。大家可能也看到了，现在银行业可能存有风险的不良资产是 1.3 万亿美元，如果有一半违约可能是 7000 亿美元，这个数字可能占 GDP 的 7%，占到我们现在资产规模的 5%，这些数据尤其是 IMF 的数据和官方统计不太一致，中间不一致在哪里，我们需要找出来，我们需要客观地判断。无论怎样，目前企业的经营状况和债务状况确实是比较严重的。这种情况下出现一些违约，我觉得到了一定的程度可能压都压不住。当然我们有能力、有空间让它有序的释放，但是现在这个能量其实很大。我们看银行业不良贷款，不良贷款就是企业的不良债务，现在银行业的不良贷款是1.3万亿元左右，去年一年产生的不良资产4000亿元，和之前相比已经是几何基数的增长，今年如果增加8000亿元，以我们现在拨备覆盖率180%，就是1.5万亿元、1.6万亿元。这是什么概念？去年中国的银行业加在一起的净利润是1.6万亿元，所以一年下来，拨备如果提足，我们银行业有可能不挣钱了，再往后就有可能亏损。所以大家最近看到监管层面在讨论是不是把拨备覆盖率往下调，现在政策的线是150%，实际的线是180%，再往下调50个百分点，就是120%、130%。三年前中国银行业拨备覆盖率为300%，过去两年每年降50个百分点，其实就是这样一个状况。在这样的情况下，我很同意李老师讲的，我们现在对于信用的问题，目前金融领域比较核心的问题，我们要非常认真地去看待，确实是我们面对了一个不同的世界。

另一个层面，和兴韵刚才的报告有点相关，我们谈债券违约，我们面对的是一个什么样的市场，你给了很多指标，我想从另一个角度给大家几个数字，我们现在所有债券的余额是54万亿元，54万亿元里面把国债、政策性金融债、央行票据、同业存单等都拿掉，真正称之为信用债的是16.9万亿元，这16.9万亿元涉及4200家发债主体，发了1.5万只。刚才兴韵其实也是面对这个样本从各个角度做了一个分析，他的方法非常好。

我们也做过类似的测算，和你那个角度可能不太一样，可以作为一个补充。我们对债券按一系列的指标进行一个筛选，我们筛选出八大行业——煤炭，钢铁，贵金属，化学原料、化学制品、化学纤维，船舶，制造，机床和重型机械，这八大行业里面，它们的债券规模有多少？1.6万亿元，1.6万亿元占16万亿元的10%，1.6万亿元里面国企有多少？国企和民企不能用以前的眼光去看，国企是1.45万亿元，占到90%多。中低评级的占多少？中低评级指的是AA和AA以下的，是3000亿元，占比18%左右。低评级的AA-及AA-以下的是600亿元。如果用16.9万亿元做基数，大家把我刚才讲到的低评级作为一个对象，中低评级的债券占中国所有信用债的比例是1.82%，AA-及AA-以下占0.34%。

在我的分析里面，有两块没有包含。一个是16.9万亿元的信用债里面，有1万多亿元没有评级，另外中高评级的一些企业也在出现违约问题，我们还特意对20家左右的违约企业做了特点分析，我们叫违约的经验模式。这个特点是不仅有民营，也有国企，而且国企越来越多。第二个，看违约的民企，违约率和恢复率不是一个概念，违约了最后也可能还钱，那些民企很多最后都还钱了，那两个没有还钱的都是很特别的情况，国企的违约增加了，但国企这一块真的不知道什么时候能还钱，我指个别国企。我们看违约的经验模式的时候，我们的看法和思路应该会有些变化。

在这样一个大的背景和环境下，信用的分化是很明显的。如果画两条曲线，就会非常清楚地看到区别，这两条曲线主要想揭示的就是信用分化当前到了什么程度。我用两个指标，一个是 AAA 产品和 AA+ 产品的信用利差，另一个是 AA 产品和 AA- 产品的信用利差，前者对应相对中高评级，后者对应中低评级。我们现在看到的结果是中高评级的信用利差目前是 50 个基点，水平最近几年一直往下走，中低评级的信用利差在往上走，2004 年以来从 50 个基点到现在接近 200 个基点，其实这就是一种信用分化，这种信用分化有利于我们看清楚风险在什么地方。我们也看到一些比较高评级的企业发行债券最后定价比估值高出 400 个基点，为什么？比如 AA+ 的产品，中债的估值是 4，你这个发债企业发的债也是 AA+，估值为什么是 8。其实在这个市场里面信用定价也是有体现的，流动性的因素是不是能够支持其实还很难说真正反映了市场对它的定价，有可能会更高，也说不定。

目前这轮违约，虽然我们觉得压力很大，但是有序解决的方式也不是没有，也不是没有办法。最主要是两个方面，一是怎么样能够避免企业逃废债，李老师刚才说得非常清楚，如果我们让逃废债继续下去，让大家肆意破坏市场纪律，我们过去几十年改革的成果真有可能毁于一旦，这是我们真真切切的感受，没有这样一个市场纪律，谈何金融，谈何经济。二是我们在违约逐步释放的时候还是要有一些策略和方法，同时背后的一些法律和诉讼程序要跟进。因为现在据我们了解，有一些违约想诉讼，诉讼无门，没有人接。我们也有破产法，但是破产法出台之后，破产案例逐年减少。这些都是需要我们去看待的比较核心的问题，我就讲这些。

## 主持人 ／ 李扬：

谢谢占军对问题进行了深入的讨论。他的角度是另外一个角度，对金融风险谈得比较多，我以为，这方面是应该强调的。现在的风险非常之大，所以我在一开始就说，目前我国表面上存在很多问题，然而，拨开迷雾看本质，我们的经济实际上已经陷入危机，我们的所有政策，实际上就是要解决危机中的问题。总之，对于我们的经济究竟处于什么状态，我们必须要有明确认识。

占军刚刚提到工行董事长姜建清。去年上半年，我们俩在一块开会谈了半天，主要是算账，算金融危机的账。我那时候就觉得，现在国家最需要算的大账，就是要估量到底有多少不良资产，进一步，我们能拿出多少优良资产去冲销它们。他说他算了一下，上一轮，即上世纪末本世纪初，为解决不良资产，国家前前后后用了 5 万亿元，还没有解决完。而且，注意到上一轮和这一轮的经济发展背景不同。上一轮处置不良资产之后，国民经济接着来了一个大发展，13%、14%的增长，在这种背景下，什么不良资产都变成优良资产了。这一背景在本轮没有，这一轮，我国的经济增长率是不断地从 6.9% 到 6.5%

甚至到 5% 多，逐渐下滑。上一轮清除不良资产用了 5 万亿元，那么本轮需要多少？这个账应当算算。我们新的《中国国家资产负债表》不久就会出来，在那个框架下，大致上能够说得清楚。还是那句话，如今我们要做的事情是解决市场中逐渐暴露的不良资产问题，债转股，只是围绕这个目标而展开。债转股不能破坏市场纪律，不能破坏法治，这是基本的前提。

我们认为要谈这个问题，要让大家知道，中国的金融其实是处在危机之中。老百姓说，"出来玩儿总是要还的"，看来，我们没有逃过这一劫。我始终是乐观主义者，所以我说有这么多问题不怕，因为它们无非只是走向更好前景的必由之路。我们一定要在政策设计上让这个钱不白花，这个教训不要浪费。处置危机花这么多钱，不要把这次危机的经验浪费了，所以，我对任何破坏市场纪律和法治的行为都深恶痛绝。

可以总结出这样几句话：

第一，中国金融体系进入了一个要紧的时期，这个时期风险会逐渐地暴露。

第二，恐怕我们要花一段时间去解决不良资产问题。

第三，我们一定要抓住这样一个机会，按照规矩办，按照市场经济所应当有的规矩去办，绝对不能说在这里面给出一个特例，给出什么其他的处理。如果我们付出这么多的代价，却没有换回一个更加有效的市场体系，整个中国经济的前景就堪忧了。反之，如果我们能够唤起大家的忧患意识，有助于更理性地制定政策，那我们今天这个会就开得非常有建设性。

## 钱龙海：

今天是一个开头，未来我们的讨论会更加聚焦，同时希望有更多的现场交流，感谢李老师，感谢各位参与中国债券论坛债券市场违约专题研讨会，谢谢大家。

# 负利率、低利率与全球利率趋势

北京，2016 年 6 月 3 日

2016 年 6 月 3 日，国家金融与发展实验室"智库讲坛"2016 年第二期在京举办，会议主题为"负利率、低利率与全球利率趋势——当前宏观形势研讨"。自 2014 年以来，以德国和日本为代表的发达经济体实施了负利率政策，导致银行间市场利率、国债和高信用等级公司债收益率变为负值。其他发达经济体，如美国虽然没有采用类似的负利率政策，但市场利率依然处于历史低点。此次"智库讲坛"从人口结构、实体经济和金融发展等几个方面，分析了全球长经济周期背景下发达经济体负利率、低利率的原因，就全球长周期背景下我国经济和金融发展的趋势进行研讨，指出当前形势下，我国应迅速处理僵尸企业、继续转型升级制造业，并重点大力发展现代服务业。

**主要出席嘉宾：**

李　扬　中国社会科学院学部委员、国家金融与发展实验室理事长

殷剑峰　国家金融与发展实验室副主任

张　平　国家金融与发展实验室副主任

张晓晶　国家金融与发展实验室副主任

张　斌　中国社会科学院世界经济政治研究所研究员

高占军　中信证券董事总经理

汤世生　国家金融与发展实验室理事、华多科技董事长

彭兴韵　国家金融与发展实验室"中国债券论坛"秘书长

**主持人 ／ 李扬：**

国家金融与发展实验室系列的"智库讲坛"今天开始第二讲，今后我们实验室主要工作之一就是开各种各样的会，通过会议集思广益、抓住前沿。今天我们来讨论负利率之谜与全球利率趋势。负利率问题作为一个事实，已经出现很久，讨论也很多。大家知道，金融，千头万绪，都可以说就是一个利率问题，至少利率是它的一个非常重要的侧面。所以，对于负利率的问题，值得深入研究。我希望今天这个讨论能够为整个研究添砖加瓦，同时为我们今后的研究开阔一些思路。

完整地说，如今我们面对的是长期低利率和负利率问题。我们知道，在历史上，利率水平剧烈波动是常态，而且，利率是货币当局最重要的调控对象。但是，这个最重要的金融变量的近期走势出现了一些新的动向。这种动向会对我们整个金融的运行、经济的运行，会对货币政策产生非常多、非常大的影响。

实践上，低利率和负利率作为一种重要的

经济和金融现象，恐怕要追溯到日本泡沫经济破灭之后。当时，作为世界第二大经济体的日本开始长期实行低利率。现在回头看，当日本长期实行低利率的时候，教科书上列举的一些货币政策，都不可能实施了。也就是说，日本的实践挑战了教科书，挑战了传统理论。而且，与低利率相配合的是长期的低物价，那个不含资产价格在内的物价，也呈长期低迷状态。也就是说，物价作为货币当局长期盯住并据以决定政策走势的最重要经济变量，利率作为货币当局最重要的政策手段，自上世纪 90 年代开始，都出现了一些异乎寻常的状况，现在回头看，这其实已经预示着这个世界发生了重大变化。

这个变化在此次危机中进一步显露。反观过去 30 年全球的情况，与此前的状况相比，物价水平一直不高，全世界的利率水平也都处于较低水平。对于全球低物价和低利率问题，国际社会已经开始有人研究，例如，美联储两位前主席——格林斯潘和伯南克，都对全球低物价和低利率问题进行过比较深入的研究。我记得，在 10 余年前，我在金融所就曾主持过对类似问题的讨论。但是，应当说，在此次危机之前，对这一问题的研究还不是很深入，此次危机给了我们很多现实材料，使得我们可以认真研究这一问题。

美联储面对世界上最大的国家，它率先把利率打到零，而且实行这么长时间，到现在还在挣扎，没有从零利率的格局中摆脱出来，3 年来，在利率问题上，一直处于走一步退两步的境地。然后，事情发展到欧洲央行。2014 年 6 月，在全世界，大约是在人类历史上，欧央行第一次宣布实行负利率。当然，负利率首先只是在一种类型的存款利率上施行，同时，它的贷款利率只到 0.3%，是非常之低。继欧洲央行之后，又先后有几个国家和国家集团实行低利率。在日本，虽然实行了 20 多年的低利率，终于也觉得仍然不能够有效应对目前的衰退局面，终于也将利率降到了负的水平。

所以可以说，低利率、负利率如今已成为全球经济的一个常态，对于这样的常态，我们当然需要有研究。我自己的感觉是，它对经济的运行提出了挑战，对经济理论提出了挑战。

就利率和实体经济相关联的意义上来说，利率决定于储蓄和投资的均衡状况。如果说得周全一点，利率特别是所谓真实利率，决定于储蓄的供给，决定于投资的需求，而且进一步决定于全社会对安全资产的需求。也就是说，从长期来看，利率水平由三个因素决定：供应也就是储蓄，需求也就是投资，以及对安全资产的需求。在这里，安全资产所发挥的是某种平衡作用，如果说储蓄不能够完全由投资吸收，那么这部分需求就会去购买安全资产，由以平衡供求关系。这就是写《债务与魔鬼》的特纳在书里反反复复强调的，现在所有的货币供应，都去购买已经提供到市场上的金融资产，而不进入实体经济。也就是说，整个的金融运行，根本就与实体经济当下的运行无关，而只是与过去的实体经济运行所积累下来的一些金融资产有关，而且只是和这些金融资产的价格变动有关。他的分析一下子就直指问题的核心，让我们挖到了负利率的实体经济基础。储蓄是国民收入中未消费部分，利率低，无非就是说储蓄的供应比较多，储蓄的供应多，反过来说就是大家不愿意消费。人们不愿意消费的这种状况，间接地折射出整个经济状况的低迷，折射出人们预期的悲观。换言之，仅仅是低利率负利率这个现象及其长期持续，就已经非常清晰地显示出实体经济的长期低迷。很多人愿意把这种状况归结为储蓄过多，我倒是愿意将之归结为消费不足和投资不足，不能将储蓄有效地吸收掉。

　　伯南克在这次危机之前就讨论过全世界的储蓄过剩问题。我觉得，储蓄过剩只是一个现象，储蓄过剩背后，反映出的是大家不愿意消费，大家对未来经济的前景不看好，这是一个长期低迷的信号。减少消费，自然就导致储蓄增加。大家知道，在定义上，储蓄即国民收入未消费的部分，这部分产生之后，就必须被投资吸收，如果投资不能有效地吸收储蓄，下一轮的国民经济运行便会在萎缩的状态下运转，长此以往，经济便陷入长期衰退。那么，投资又决定于什么呢？投资决定于资本的边际收益率，这又是一个实体经济的因素。大家不愿意投资，是因为投资的边际收益率不高，甚至降到了零以下。也就是说，目前没有什么投资活动有利可图。一方面，人们不愿意消费，没有什么可消费的；另一方面，大家又都看淡未来，觉得没有什么好投资的，因为，所有投资的收益率都在零上下徘徊，甚至降到零以下。这其实正是经济极度衰退的一种表现。

这就是我坚持要在我们的"智库讲坛"讨论负利率的原因，简单地说，就是因为它重要，而且极端重要，我这么一说，恐怕大家都能感觉到这个事的重要性了，一定能感觉到此事应当反复讨论。

在分析了负利率形成的实体经济原因之后，我们就会进一步看到，在这种情况下，货币政策实际上是无效的，不仅无效，如果滥用货币政策，实际上就会逼迫货币当局在两个东西之间选择：一个就是经济增长，因为无论如何，增大货币供应总会导致经济有所增长；再一个就是各种各样的资产泡沫。也就是说，此时货币当局只能在泡沫和增长之间做选择。

非常遗憾的是，由于实体经济极度疲弱，经济增长不见起色，于是，各种各样的泡沫便被吹起来了。这就形成我们目前见到的状况，金融上层建筑在不断膨胀，相对于实体经济而言，金融的比重越来越高，但实体经济整个非常低迷，几乎看不到什么前景。

于是，我们对低利率和负利率的讨论，便又可以进入更深入的领域，就是经济的长期停滞问题。我们需要研究，全球经济是不是进入了一个百年不遇甚至千年不遇的低迷时期。如果是这样的话，那么有些什么问题？问题说清楚了，走出长期衰退的方略才能够找到。但是，非常遗憾的是，大家找来找去，找到的都是些令人沮丧的事情，就是全世界劳动生产率都在下降。最近美国商务集团一项研究指出，美国劳动生产率的增长率 30 年来首次为负。事实上，劳动生产率的增长率下降，正是整个经济极度衰退的原因，同时也是它的集中表现。对中国人来说，一说到劳动生产率大家就熟悉了，因为它和供给侧结构性改革连在一起。供给侧结构性改革的根本目标，就是要提高劳动生产率。在这个意义上，我们及时将重点转移到供给侧、转移到结构问题上，是非常有洞见的。

我们研究这个问题，一方面希望尽可能把这个事情搞清楚，进而尽可能为当局的政策制定提供一些建议，同时，还有促使我们从事理论研究的含义，或者说，这是我们进行理论创新的入手之处。昨天我看到有消息称，又有十几个国家的学生要求修改教科书，说是不满意目前根据主流经济学编写的教科书。我们的媒体在进行这个报道时，颇有点幸灾乐祸的味道，它们想说的是，西方的主流经济学不顶用了。确实，西方经济学不那么顶用了，反转来看，我们的经济学顶用不顶用呢？恐怕也不顶用。每遇到这种事，我就喜欢引用马克思在《资本论》序言中的一句话："这正是说的阁下的事情！"把这里的意思套过来，我想说的是，当下我们讨论经济长期衰退，讨论经济理论、金融理论的危机，并非只是发达经济体的事，它们同时也是我们的事。所以，我觉得应该用严肃的、认真的、科学的态度来对待这个事。我们今天的讨论恐怕只是一个开头，以后还要继续进行下去。

今天的安排是这样，主讲是国家金融与发展实验室副主任殷剑峰，然后我们会安排三位专家做评论。

**殷剑峰：**

很荣幸能跟大家分享我最近这一点研究心得，现在负利率和低利率问题，实际上国际经济学界非常关注，是目前研讨的非常重要的一个话题。但是这个问题好像没有引起国内足够的重视，很多媒体报道是从货币政策、从短期的角度来看待这个问题，实际上它背后有一些长期性的因素。

我的演讲主要涉及五个方面：第一，负利率背后的宏观经济特征；第二，从托宾 q 的角度来分析导致负利率的因素，特别是影响投资需求的；第三，开放经济条件下托宾 q 会产生什么样的影响；第四，目前全球面临的产业结构的调整趋势；第五，启示和问题。

第一部分，负利率背后的宏观经济特征。

负利率最早是 2014 年 9 月欧洲中央银行

对商业银行在央行的存款准备金超过限额的部分实施负利率，以后日本又跟进。从现在市场上的情况来看，银行间市场像欧洲、日本都已经是负利率，国债也是负利率，甚至高信用等级的公司债也是负利率了。那么对负利率现象怎么看？从实施负利率政策的原因角度来看，我想无非就两个：第一个是希望刺激通胀预期，减轻目前各国面临的通缩的压力；第二个是希望通过负利率逼迫商业银行和金融机构调整资产组合，将短期资金配置到长期资产，将无风险资产配置到风险资产。但是，这种做法能否改变目前负利率的状况呢？从 1980 年到 2016 年三个主要经济发达国家美、日、德的一年期国债收益率，我们可以看得非常清楚，从 1980 年以来，这三个国家的国债收益率是一直往下的，直到目前的负利率。所以从这个角度来看，目前的负利率只是过去 30 多年全球主要发达国家利率不断下降趋势的一个延伸，一直降到零，最后变成了负值。

除了名义利率是这样，实际上这几个国家的 CPI 消费价格指数从 1980 年以来也是处于下降的态势。为什么这些国家的利率会长期低迷？特别像日本自 1995 年以来它的利率就接近于零，已经有 20 多年，直到现在的负利率。所以，要研究目前主要发达国家的负利率低利率问题，我想应该从日本说起。

在日本 20 多年的零利率负利率过程中，有几个典型特征。首先是持续 20 多年的通货紧缩，从 PPI 通缩演化为 CPI 通缩；然后总需求不振，而总需求不振的主要原因我们后面会看到，是投资需求萎靡；最后，家庭部门的两类收入——投资收入和工资收入下降。对于日本面临的 20 多年的零利率负利率，其对应的经济基本面是长期停滞（secular stagnation）。对于长期停滞，国际经济学界事实上从日本泡沫经济危机之后就一直在讨论，比较有名的是 1999 年克鲁格曼（Krugman）关于日本零利率的一篇文章。这两年的讨论也越来越多。我这里只引述日本经济学家的看法，可以看出实际上现在这个讨论还没有结束。

从需求侧角度来分析日本长期停滞 [①] 以及零利率负利率原因的主要是伊藤隆敏（Ito）和日裔经济学家 Richard Koo，他们认为日本的长期停滞主要在于货币政策和财政政策没有及时采取扩张政策。从供给侧来研究的是榊原英资和池田信夫，他们认为日本的长期停滞主要是供给侧结构性的问题，跟我们现在的提法也一样，比如说劳动力市场。对于总需求侧的分析，一个疑问是，日本为什么在二三十年的时间里，总需求政策都没能使日本摆脱长期停滞，摆脱零利率和负利率？对于总供给侧的分析，它需要回答一个问题：怎么来解释总需求的不足，特别是总需求中投资需求的不足？

这里我们可以给出日本长期停滞的一些主要特征。第一，实际GDP 增速大幅度下降，名义 GDP 大幅度萎缩。以 1995 年为基期，

---

① 本文的"日本长期停滞"指日本经济长期停滞。

到 2014 年日本实际 GDP 是 116，大概 20 多年时间复合增长率只有百分之零点几。从名义 GDP 看，同样以 1995 年为基期，我们可以看到，到 2014 年日本的名义 GDP 只相当于 1995 年的 86%。

第二，20 多年的通缩。首先是从 1991 年到 2004 年的 PPI 通缩，然后 1997 年亚洲金融危机之后又从 1998 年开始进入了 CPI 通缩。从 PPI 通缩到 CPI 通缩的一个传导机制，是日本的工资增长率开始变成负增长。

第三，投资萎靡。日本长期停滞甚至衰退背后是总需求哪个成分造成的呢？这里给出了日本名义 GDP 和名义 GDP 的三个构成：私人部门的消费长期停滞，但至少没有减少；政府部门的消费是在不断上升的，反映了政府财政扩张政策的效率；唯一下降的是投资。所以投资需求的萎靡构成了总需求下降的关键，构成了日本长期停滞的一个直接因素。日本的投资率也反映了投资需求的萎靡。我们可以看到，从 1990 年泡沫经济危机开始，日本的投资率从 33% 持续下降，到 2010 年为 20%，下降了 13 个百分点。

所以，对于零利率背后的长期停滞，无论是从总供给侧来解释，还是从总需求侧来解释，都必须回答一个核心问题：为什么投资会下降？

第四，家庭财产和工资收入下降。以 1994 年为基期，到 2014 年日本家庭的工资收入是 1994 年的 92%，日本家庭的财产收入是

1994 年的 57%。家庭部门的两类收入，尤其是财产收入，出现了非常明显的下降。

总之，如果要做一个完整分析零利率负利率和长期停滞的理论框架的话，那么，上述各个特征，经济下滑、投资需求的下降、通货紧缩、工资财产收入的下降等，都需要得到合理解释。

第二部分，从托宾 q 来分析投资需求。

解释投资需求下降的一个基本分析框架是托宾 q。托宾 q 实际上就是指企业发行证券的单位价值，它等于资本的边际报酬（MPK）比上名义利率（i）加上风险升水（σ）减去通货膨胀率（π），就是企业部门借款的真实利率。为什么要加上风险升水呢？因为前面我们看到国债收益率它可以到零到负，但是企业借钱它是有一个风险升水的，它达不到国债的收益率水平，所以必须有一个风险升水。托宾 q 如果大于 1，意味着企业的边际报酬大于企业借款的真实成本，这个时候企业就会增加投资。否则，如果托宾 q 小于等于 1，企业就不会投资。需要注意的是，一旦固定资本形成之后，例如土地、厂房、机器设备形成之后，很难通过负投资去将这些实物资本消灭，这是实物资本和金融资本最大的不同。所以，决定投资需求的两个要素是什么呢？一个就是借款的真实利率，一个就是资本的边际报酬。在通胀率或通缩率一定的情况下——我们随后讨论通胀通缩的问题，借款的真实利率取决于借款的名义利率，而借款的名义利率又等于无风险利率加上风险升水。

所以这时候就要提个问题，长期的零利率甚至负利率，即无风险利率是零或者是负，企业为什么还不借款投资呢？第一种可能性就是风险升水上升，比方说由于企业的负债率、杠杆率过高。但是，风险升水上升的这个猜测可以简单地排除掉。以一年日本企业债收益率和一年期国债利率之间的信用利差为例，虽然在1997年亚洲金融危机和此次全球金融危机的时候信用利差非常高，但是，目前是1997年以来信用利差最低的时期，所以，用风险升水的上升来分析企业到现在还不愿意投资，这个好像解释不过去。从更长的时间段来看，自1980年以来，日本长期贷款利率和一年期国债利率之间的信用利差在1990年泡沫危机后曾经很高，但趋势是持续下降的。所以，企业不愿投资不是因为风险升水上升导致的名义借款利率上升。

第二种可能性就是资本边际报酬出现下降，而且是显著下降。资本边际报酬取决于有效劳动的资本密集度，就是资本除上劳动生产率A和劳动力L。类似于增长因素的分解一样，资本边际报酬的变化可以分解成三个因素：第一，是劳动生产率的变化；第二，是劳动力的变化；第三，是资本存量的变化。从资本边际报酬的角度来解释企业不愿意投资，无非就是三个因素：劳动生产率、劳动力和资本存量。

从增量资本产出比——经济增长率每上升1个百分点投资率需要上升的倍数——可以看出日本资本边际报酬的下降趋势。增量资本产出比越高，说明资本边际报酬越低。从美、日、德还有欧元区的增量资本产出比可以看到，日本的增量资本产出比，从泡沫经济破裂之后即1990年之后就出现了急速的上升，超过了美国和德国。同样面临负利率问题的欧元区，其增量资本产出比在2008年之后也出现了急速上升。

影响资本边际报酬的一个因素就是劳动力。从美、日、德三国劳动年龄人口占总人口的比重我们可以看到，日本劳动年龄人口占总人口的比重从1991年、1992年开始出现绝对性的下降，下降的速度比德国还快。令人很奇怪的是美国，美国的状况是最好的，美国虽然有波动，但是劳动年龄人口占比在这三个国家中是最高的。劳动年龄人口占比下降，在就业率一定的情况下，劳动力下降，从而导致资本边际报酬下降。

影响资本边际报酬的另一个因素就是存量资本过多，这也会导致资本边际报酬下降。这里我用了一个可能不是太准确的指标，就是美、日、德国家资产负债表中扣除金融资产和无形资产之后的人均固定资产来反映它的资本存量，固定资产包括厂房、土地、机器设备等。我们可以看到，在2003年之前，日本的人均固定资产是三个国家中最高的，人均固定资产大概在40万到45万美元。2003年之后，有意思的现象是美国的人均固定资产开始超过日本，实际上反映了美国房地产市场的火热。令人奇怪的是，德国的人均固定资产低得多，而与德国较低的人均固定资产相对应的是前面提到的德国较低的增量资本产出比。

所以，如果资本边际报酬因为劳动生产率、劳动力、资本存量等三个因素而不断下降，它会导致一个什么结果呢？在均衡条件下，托宾 q 等于 1，如果资本边际报酬不断下降，风险升水假设不变，通货膨胀率或者通货紧缩率不变，资本边际报酬不断往下降，名义利率就不断往下降。最终，名义利率可能会因为资本边际报酬下降为零。当名义利率为零的时候，资本边际报酬就等于负的通货膨胀率，或者资本边际报酬就等于通货紧缩率。如果资本边际报酬再进一步下降，由于一般企业借款的名义利率是不可能到零以下的，这个时候，借款的真实利率被锁定在通货紧缩率上。真实利率被锁定在通货紧缩率上，而资本的边际报酬小于真实利率，意味着托宾 q 小于 1。这就意味着，存量资本太多，有效劳动的资本密集度太大，这个时候就不会有任何新的投资。无论你怎么刺激，通过扩张的货币政策，或者通过扩张的财政政策，当 q 小于 1 的时候，企业就不会投资。

在名义利率被锁定在零、真实利率为通货紧缩率的时候，由于资本边际报酬小于真实利率，第二个结果是什么呢？第二个结果就是工资收入下降，因为我们知道工资收入等于总收入减去资本收入。如果资本存量不变，真实利率大于让 q 等于 1 的利率，这就意味着，企业支付的资本成本太多，在总收入不变的情况下，总的工资收入就要下降。总的工资收入下降，要么是每个工人的平均工资下降，要么是解雇，工人的人数减少，就出现了失业。

日本在 1997 年亚洲金融危机之后，大企业曾经有大规模解雇员工的现象。但是，日本的工会和大企业达成一个共识，达成一个协议，就是企业不解雇工人，但是可以下调工资。这就是日本虽然从表面上看它的就业率还不错，失业率不高，但是家庭部门工资收入不断下降的原因，这方面文献像榊原英资、池田信夫的书里面都有介绍。

第三个结果就是资产收益率下降。资本边际报酬不断下降，意味着 q 不仅小于 1，而且也不断下降。这个时候，家庭部门投资的资本收益就会小于零。最终的结果，就有可能会导致整个家庭部门的投资收益小于零。这也是目前国际经济学界认为日本的自然利率——达到均衡条件的真实利率应该小于零的一个原因。我们可以看到，目前随着通货紧缩，日本的真实利率，特别是以 PPI 来计算的真实利率，是在不断上升的，德国也是这样。

第三部分，开放条件下的托宾 q 分析。

刚才只是从封闭条件下做的分析，目前关于日本长期停滞的研究无论从总供给侧还是从总需求侧做的分析，都有一个共同的缺陷，就是基本上没有考虑在一个开放条件下分析日本长期停滞的问题。开放条件会使得前面分析的零利率负利率迅速实现。

日本经济在 1990 年泡沫经济危机之后陷入长期停滞，被忽略的最重要的外部条件有两个：一个是 1989 年之后，两个世界的合并，苏联东欧合并成为一个统一的全球市场，其中最为重要的是中国的崛起；第二个事件，就是美国引领的信息技术革命，它导致全球产业结构发生变化。这两个条件，使得日本的资本边际报酬与开放的外部环境相比迅速下降。

　　我们目前讲这个开放经济，开放经济究竟是什么意思呢？实际上有三个意思。第一，金融资本是自由流动的，这就意味着，在国内投资企业的股权价值与在国外投资的价值必须相等，意味着国内的 q 应该跟国外的 q，考虑汇率之后的 q，应该相等。第二，实物资本难以调整。已经在本国投资形成的厂房、机器设备是很难消灭的，也不可能转移到国外。这决定了资本存量一旦形成，就很难通过负的投资来减少，也就意味着你的资本边际报酬被锁定。第三，劳动力几乎不能移动，这意味着资本存量较高的国家很难通过移民来降低资本密集度。这三个条件一摆下来，就意味着在开放条件下，资本存量高、劳动力少、资本边际报酬低的国家会更快遭遇零利率底线。我们给出这么一个等式，大家就可以看得更清楚。要使国内的 q 和国外的 q 相等，在两国的生产函数差不多的情况下，就意味着两国有效劳动的资本密集度必须相等。在实物资本被锁定的情况下，要提高资本的边际报酬就需要通过提高劳动生产率或者增加劳动力，来降低有效劳动的资本密集度。

我们这里可以想象下，在日本 1990 年泡沫经济危机之后，两个世界合并，中国开始加入全球经济贸易体系。我们假设，在 1990 年日本和中国的有效资本密集度是相等的，也就是说这两个国家的资本边际报酬是相等的，q 也是相等的，那么我们来做一个思想实验：这个时候，中国突然涌入全球市场，那么会出现什么变化呢？第一个变化是劳动力数量的相对变化，从 1953 年到 2014 年日本就业人口与中国非农就业人口的比重——为什么是非农就业人口呢？因为农业就业人口不加入全球的竞争——可以看到，在 1958 年"大跃进"之后，日本的就业人口相当于中国非农就业人口的 98.32%，到中国改革开放的 1978 年是 45.69%，到日本泡沫经济危机之后的 1993 年是 22.14%，到 2014 年是 11.66%。也就是说，到 2014 年日本就业人口只相当于中国非农就业人口 10% 多一点。再来看日本第二产业就业人口相当于中国第二产业就业人口的比重：1993 年是 14.78%，到 2014 年是 7.03%，下降了一半多。

我们还要比较中日两国的劳动生产率，因为没有这样的指标，我们就用人均 GDP 来代替。可以看到，以名义 GDP 来计算，在日本泡沫经济破裂之后的 1993 年，日本人均 GDP 是中国的 94.84 倍，到 2014 年降到 4.77 倍。如果用购买力平价来衡量的话，1993 年日本是中国的 15.87 倍，2014 年不到 3 倍。

这个比较是什么意思呢？我们假设，在泡沫经济危机之后，比方说 1993 年，中日有效劳动的资本密集度是相等的，也就是中日的资本边际报酬是相等的情况下，那么，从 1993 年到 2014 年，日本劳动力至少减少了一半，无论按非农产业还是按制造业就业来计算。名义 GDP，日本相当于中国的倍数，相对下降 25 倍，或者按 PPP 来算下降 3 倍。合在一起就意味着，如果 1993 年两国的资本密集度相等，到 2014 年日本的有效劳动的资本密集度至少是中国的 11 倍。如果两国生产函数大体相同，这就意味着日本的资本边际报酬相当于中国的资本边际报酬下降了 11 倍。

日本的资本边际报酬相当于中国的资本边际报酬下降 11 倍，这意味着什么？我们假设刚开始两国的 q 是相等的，我们不考虑汇率因素，假设日本的资本边际报酬相对于中国下降 11 倍，在通货膨胀率或者通货紧缩率不变的情况下，意味着日本的名义利率在此期间相对于中国要下降 11 倍。也就是说，在开放条件下，即使日本的资本边际报酬依然是大于零，相对资本边际报酬下降得过快会使名义利率很快就会触碰到零底线。

在资本边际报酬下降的过程中，一方面名义利率可以下降，但另一方面，如果通货膨胀率能够上去，这个分母的真实利率也可以下来，也可以解决国内和国外 q 相等的问题。

所以这里就有一个问题，为什么日本不能够用通货膨胀替代名义利率的下降？我这里给出两个解释。第一个解释是在开放条件下，金融市场的反应比商品市场的反应要快，商品价格的调整远远比利率的调整要慢得多，特别是考虑到商品市场，包括劳动力市场存在的价格黏性。名义利率的迅速下降，大家可以看这个公式，这是一个利率平价公式，名义利率的迅速下降，就会形成一个对本币升值的预期。当名义利率跌到零之后，本币的升值速度就等于国外的利率水平。所以，在名义利率迅速下降的过程中，通过本币升值预期，就会形成一个通货紧缩压力。从 1990 年到 2016 年日元兑美元的名义汇率看，虽然有波动，但是总体的趋势是在下降的，也就是日元名义汇率存在升值的这么一个态势。不能用通货膨胀率替代名义利率下降的第二个原因是可贸易价格受到购买力平价的约束。由于包括中国在内的新兴经济体的工业化，可贸易品，特别是制造业产品的供给迅速增加，这就会导致全球制造业产品价格的下降。另外，如果远期汇率预期是升值的，国内未来可贸易品的价格预期也是下降的——通缩。我们来看日本 CPI 的两个构成，一个是服务，一个是耐用消费品。很清楚，耐用消费品的价格从 20 世纪 90 年代持续下降，服务品价格在亚洲金融危机之后就基本陷入停滞状况。我们后面还会看美国的情况，跟这个正好相反。

第四部分，全球产业结构的调整趋势。

在开放条件下看待日本的这个问题，日本实际上还面临两个供给侧结构性的问题。首先是一个僵尸企业问题。根据美国一个学者的研究，日本长期的投资需求不振，跟僵尸企业处理太慢有关。他比较了按资产加权的僵尸企业数量占比，从 1993 年一直到 2001 年，始终维持在 14% 左右。他认为僵尸企业从两个方面影响了日本的供给和需求，首先压低了市场价格，抬高了资本和劳动力的要素价格，其次挤出了新投资和新企业。他认为日本僵尸企业难以清除的原因（这个跟日本的一些经济学家看法相同）有三个：第一个是政治因素，实际上背后是就业问题；第二个是银行为了防止呆坏账，变成现实的呆坏账，推动的借新还旧；第三个是社会压力。不过，僵尸企业问题在 2001 年之后逐渐得到解决。包括 Richard Koo 在分析日本企业的资产负债表的时候，也指出日本企业的资产负债表在不断地改善。所以，僵尸企业问题还不能完全解释日本的长期停滞。

关键的因素是产业结构问题。在工业化基本完成之后，日本的服务业很落后，这也是美国一个学者统计的日本服务业的全要素生产率和制造业全要素生产率，可以看到服务业的全要素生产率是在不断下降的。在服务业全要素生产率不断下降的过程中，日本实际上跟其他发达国家一样，都在趋向服务业化，而制造业受到国际市场的竞争。

实际上日本最重要的问题就是一个产业结构问题，在开放条件下产业结构不适应全球格局的问题。可以看到，特别是从 2000 年信息技术革命之后，全球服务业的增加值非常快，到 2014 年全球服务业的增加值是 46 万亿美元，制造业的增加值只有 12 万亿美元。同时，服务业的可贸易化程度在不断地加快。所以，全球在进入一个后工业化时代。但是，日本在工业化完成之后，很显然不适应全球产业结构的变化。

所以这里就提到为什么美国没有像日本那样面临那么大的通缩压力，为什么美国的增长率要比日本好得多。我们结合美国 CPI 中两类商品服务的价格，一个是服务，一个是耐用消费品，可以看到美国的服务品价格是在持续上升的，而美国的耐用消费品价格虽然在下跌，但基本稳定。这与前面看到的日本情况正好相反。但是，这两个国家的相对价格都遵循巴拉萨－萨缪尔森效应，两个国家的服务价格相对于耐用消费品的相对价格持续上升。因为我们知道，巴拉萨－萨缪尔森效应讲的是随着人均收入的不断提高，非贸易品的价格相对于贸易品的价格持续上升。从日、美的比较来看，都符合这个规律。但是，美国是用服务品价格的上升来实现相对价格的变化，而日本是用制造业价格的下跌来实现了这个变化。这个背后反映的是两个国家在产业结构调整方面截然不同的路径，日本一直是制造业的比重非常大，而美国特别是在信息技术革命之后，转向了服务业。

比较一下日本和美国两个国家的产业结构可以看得很清楚。从服务业产值占 GDP 的比重看，美国比日本高大概 10 个到 20 个百分点，就业结构差不多。从两个国家服务业对外贸易就可以看到两国服务业的效率差异了：从 2000 年到 2014 年，美国的服务业出口和进口都远远高于日本，而且美国服务业是贸易顺差，而日本服务业是贸易逆差。这种贸易顺差和逆差的格局直接反映了两个国家服务业在全球竞争中的比较优势。当然我们还可以进一步分析美国和日本服务业出口的各类的比重，可以看到，日本服务业出口主要靠的是旅游、运输，而美国主要靠的是与信息技术相关，与金融服务和商业服务相关的现代服务业。这种产业结构的差异实际上也反映了日本在开放条件下面临的两个问题：不适应中国的崛起，不适应美国的信息技术革命。

第五部分，启示和问题。

那么对中国的启示呢，我想有三个启示吧。第一个是迅速处理僵尸企业，第二个是制造业继续转型升级，第三个是发展现代服务业。我想可能发展现代服务业更为重要，但目前我们的服务业很落后。对此，张平所长曾经给上海做过一个全球服务业的比较，还得到当时上海市委书记俞正声的高度认可。

中国现在发展服务业已经到了一个非常紧要的关头，但目前有三个障碍。第一个，制造业的服务业化，特别是国企改革。第二个，服务业的产业化，就像我们社科院这种事业单位，如果不改，科教文卫这个现代服务业没戏。第三个，也是更为基础的，是知识信息思想的自由生成和传播，这是现代服务业发展的基础。日本榊原英资、池田信夫他们在谈日本供给侧结构性问题的时候，他们也深刻认识到，日本在信息技术革命之后，现代服务业没发展起来。为什么没发展起来？他们认为原因在于日本强调集体主义、强调服从的文化因素和日本落后的教育等。

我们国家正在服务业化，1994年三产就业超过了二产，2012年GDP中，三产超过了二产，但效率低下。为什么效率低下？这个道理很简单，1994年就业人数三产超过了二产，直到2012年三产的增加值才超过二产，说明三产的劳动生产率非常低。我们国家第三产业的劳动生产率非常低，甚至比农业还低，最高的是制造业，其次是农业，最差的就是第三产业。另外，服务贸易逆差持续扩大也反映了我们服务业的低效率。进一步对我们服务业的出口进行一个分解，跟日本一样，主要靠的是旅游、运输这些比较低层次的服务业。

不过，最近我国的服务业出现一个新的特点："虚胖"的金融业。从中、美、日三国1979~2015年金融业增加值占GDP的比重我们看到，从2005年开始，中国金融业增加值占比不断上升，2008年超过日本，2013年我们就超过了美国，2015年达到历史性的8.5%。全球可能只有一个英国，曾经达到这个水平。

我国金融业的"虚胖"表现在三个方面。第一，如果金融和实体经济发展同步的话，我们人均GDP大概相当于美国、日本20世纪七八十年代水平，那个时候它们的金融业增加值只占GDP的5%左右，我们现在占 8.5%。

第二，进一步从金融业增加值占整个服务业增加值的比重来看，2015 年中国是 18%，服务业中将近 1/5 是金融业，美国是 9%，日本是 7%，我国是美国、日本的两倍多。

第三，不考虑 PTP 这些非正规部门的，我们金融业正规的就业人员大概 600 万人，美国是 800 万人。如果我们按 6.5 的汇率来换算，我们金融业人均增加值是 15 万美元，美国是 16 万美元。我们金融业的增加值跟美国差不多，金融业的中国梦好像已经实现，但这个梦很可能不是好梦——因为从日本的经验来看，在 1990 年金融业增加值占 GDP 比重达到历史峰值以后直线下降。

我们金融业的"虚胖"主要靠的是什么呢？进一步对比了金融业增加值占比和杠杆率。从 2005~2015 年实体经济部门的杠杆率和金融业增加值可以看到，两者高度相关。金融部门的杠杆率，指的是金融部门相互负债，比如说银行同业之间，银行和非银行金融机构之间，或者金融机构在债券市场买金融债，构成金融业的内部负债。金融业的内部负债比上 GDP，这个杠杆是多少呢？去年接近 90%。将金融部门的杠杆率和金融业增加值占比合在一起，两者也是高度相关。所以未来去杠杆的话，我们国家金融业增加值的占比很可能会出现一个变化。

因为我讨论的是负利率和全球利率趋势，我一直在找一个能够反映比较长时间全球利率的一个指标，我那天无意中找到了。这就是穆迪和标普评的 Aaa 和 Baa 两个信用等级的美国公司债的收益率。从 1919 年一直到今年，我们大体可以看到一个长期的趋势，大体可以用 30 年来划分。第一个 30 年是从 1929 年大萧条之后，利率持续下降，下降到 1950 年。上世纪 50 年代开始上升，一直到 80 年代。然后 80 年代持续下降，直到现在。这个变化趋势每个阶段大体就是 30 年。未来全球的利率会不会终止这种下降的态势而往上升，比方说，在全球都实行量化宽松的背景下，会不会改变当初日本央行独家所无法做到的事情，就是从通货紧缩变成通货膨胀，比方说能源价格开始反弹。这个问题我觉得需要考虑。

第二个问题就是目前我们国家债券市场频发的信用事件。我们可以看到，评级 Bbb 的信用利差已经超过 10%，并且还在上升。债券市场的信用利差持续上升会不会引发流动性风险？我觉得债市和货币市场，特别是还有货币市场基金，资产组合中有很多短融，企业发的短融实际上都是风险点。债市一旦出问题，跟原来的股市和汇市恐怕不一样。因为美国 2008 年次贷危机变成流动性危机变成全球危机，就是债市和货币市场的问题。

第三个就是我们国家的利率，我们看到以隔夜拆借利率为例，实际上没什么变化。从 2003 年到现在，均值在 2% 左右，没什么明显的变化。但是我们以 PPI 来计算的真实利率在 2010 年之后出现了非常明显的上升，这与我们国家 2003 年到 2008 年繁荣时期完全不同。2003 年到 2008 年经济繁荣时，真实利率都是负的。所以我们国家名义利率，随着前面债市讲的风险升水的上升，要求名义利率往下降的，会不会出现其他国家出现的零利率？这个我也是没想明白，请各位专家赐教。

## 主持人 ／ 李扬：

谢谢剑峰，做了一个全面的分析。以日本为例，把一个理论架构阐述，然后对中国做了一些引申。我们研究国外还是为了回头看中国。比如说，他说到零利率低利率的三个原因、资本边际报酬下降、劳动年龄人口占比下降、存量资本上升的问题，应当说在中国都存在。也很高兴的是我们针对这样一些问题也都有对应的措施，比如说资本边际报酬率下降，我们搞创新，习主席提出创新创新再创新，而且刚刚开过全国创新大会，也看到了资本边际报酬下降的这个问题。劳动年龄人口占比下降，我们实施两孩政策，因为按照惯例，从一孩政策到两孩政策，应当会有一个漫长的博弈过程，中央还是看得很清楚，根本就不讨论这个事情，迅速就变成两孩政策，表明我们也高度认识到人口结构恶化的不良后果。关于存量资本的问题，我们在推行去产能、去库存，钢铁、煤炭行业都有些实在的措施。我总的看法是，国际上的经验，特别是针对这种长期的事情，一定对中国是有意义的。甚至可以说，中国没有逃脱这样一些问题。当然，相比而言，日本的事情恐怕更有借鉴意义，在地理位置上都是东方国家，政治结构、经济结构、历史、文化等更相似，因此要注意对它的分析，以此为基础，展开对中国的研究。

这个研究与我们看到的很多研究相比，还有一个好处是把它开放了。刚才我们说的所有问题都是关着门在说问题，但现在这个世界是开放的。虽然总体来说全球化的步调自危机以来在停止，甚至在"去全球化"，但是大家注意，金融的全球化还在深入，因为整个经济的金融化还在进行。今后我们面对的是一个高度金融化的世界，所以，对于全球化的影响，也要有高度的关注。

他这个分析有两个问题。一个就是世界市场的整合问题，这个应当说是我们金融所，我们社科院经济学部的传统，我跟晓晶在写《失衡与再平衡》的时候，讲到了国际货币制度，我们第一次指出了两个世界的合并，或者说，苏联东欧集团的解体对于整个国际货币制度至关重要的意义。原来按照斯大林的说法是两个平行的世界，苏联东欧这个世界论面积比那个大，论人口比那个多，论技术反正至少不差，受教育程度也比那个好，劳动人口也多，但是这么一个集团整个就崩溃了。用我们的话说，它们的货币集体向美元投诚，都去跟美元挂钩，才成就了美元又一次的崛起，成就了布雷顿森林体系。剑峰今天的讲话就是从其他一些方面，特别是从实体经济方面进一步来分析

　　　　　　　　　　　　　负利率、低利率与全球利率趋势

了这样一种现象。所以我们以后研究这个问题的时候，特别是研究历史问题的时候，一说世界，不要只看着以美国为首的西方资本主义世界。世界本来是有两个世界，20世纪前半叶，以苏联为首的那个世界，比以美国为首的那个世界日子过得好，后来故步自封，才造成20世纪末的一个大变局。我们的所有研究要加上这个因素，这个因素太大了，就是翻一番的变化。包括伯南克、格林斯潘都敏锐地注意到苏联东欧的解体、中国的崛起，对于这个世界各种各样现象的决定性影响。劳动力翻一番，利率下降，物价水平保持在可以接受的程度上，都是与这个变化有关。所以我觉得以后再研究这样一些问题需要对这样一个因素多考虑一些。

再一个问题就是讲的国际问题，他讲到一个因素是科技革命。信息技术、互联网等，中国政府应该说也是建基很早，李克强总理老是说"互联网+"，有些人都已经觉得好像说得太多了，现在看来说得不多，还要说得更实一点，要实实在在地把新一轮的科技革命在中国扎下来。这次创新大会也列了很多项目，它的影响堪比上一次科学大会，意义应当说也是很大的，它在强调科学的同时也强调技术，以及技术的产业化。

还有一个值得注意的是汇率问题。他在分析利率时谈汇率其实告诉我们一个转折，今后汇率将主要受利率变化的影响，这和以前不同了。以前很多人说人民币的汇率不会如何，说的是我们实体经济很强劲，那个背后是一套理论体系，就是国际收支的状况决定汇率水平，但是市场就不听你的，你说市场如何好，如何强劲，但是人民币的汇率还是不可遏止地下陷。除了恶意看空，还有一些变化中不适应的因素，一个很重要的因素就是随着市场化的程度逐渐提升，汇率的利率平价理论可能更多地发挥作用，利率对于各国汇率的走势可能产生更大的影响。中国目前利率很乱，什么是中国的基准利率？这个问题说不清楚。完全放开中国利率应当是零，现在因为重重的管制，重重的制约，所以利率不能够充分地反映中国真实的储蓄和投资的关系，不能真实地反映中国的资金供应和需求的关系。在一个扭曲的结构下，来搞宏观调控，在扭曲的结构下，来搞汇率调控，这就有问题。所以我们今天在讨论利率，其实顺便把汇率问题又给扫了一遍。

其他还有很多，比如说服务业的问题，也是我们这边的传统。我们的优良传统就是谈服务业、制造业结构的变化，考虑深藏在背后的劳动生产率的差异，这个差异如何使得一个值得肯定的、骄傲的结构变化，变成了一个劳动生产率下降的结果，进而变成了一个经济增长速度不断下降的结果。我倾向于认为他指出了一个规律，无非是要让当局、让有关部门研究者知道有这个规律，我们现在正沿着这个规律一点都不差地在走，也不值得大惊小怪。当然在这个过程中，需要发展现代服务业，提高服务业的劳动生产率，发展生产性服务业，我总的感觉是服务业不能够就服务业来说服务业，一定是在制造业充分分工的基础上发展出来的服务业才是有效的。

最后的问题也与我们上次的讨论有点关系，中国现在的金融业"虚胖"。大家看到了这个事情它不正常的地方。随着经济增长速度逐渐下滑，中国可能会有一次消灭掉一些资产的过程，现在的不良资产除了银行不良贷款，债券市场上的信用违约，再多一块影子银行，比上个世纪末本世纪初解决不良资产的问题多了很多复杂的因素。

我们下面开始进入讨论，首先请国家金融与发展实验室的副主任张平教授做发言。

## 张平：

因为昨天学了剑峰这个，我也给他回信，我说你这写得已经够系统的。

我谈三个要点，先插入一个刚才我说要争论的有关服务业的问题，我们从 2012 年到 2015 年持续发表了五六篇关于全球产业结构变化的文章，都发表在《经济研究》上。第一

个就是全球进入服务业以后,从工业化进入经济结构服务化以后,都会出现一个结构性减速过程,这是一个重要结论。第二个是 2015 年以来,我们突然发现了另一件事,就是服务业并不依赖于制造业的发展而发展,现代服务业发展本质是服务于人的,而不是为生产过程服务的,实际上现代的服务业都是围绕着人力资本提高为基准的,是以人的消费为起点的,所以大量的服务业是提升了人力资本,使之有创新能力,而不是服务于物质生产才导致创新。这个一言难尽,如果大家有兴趣可以看 2015 年发表在《经济研究》第 11 期的经济增长前沿课题组的文章,我们也会相继把这个描述得更为完整。

中国的服务业这块统计非常清晰,总共五块,所有在美国占高比重的除了金融以外其他的科教文卫体全在其他分类里的,中国的服务业就是五类:第一类是批发与零售,第二类是餐饮服务运输邮政,第三类是金融,第四类是房地产服务,第五类是其他。你可以看到,中国服务业除了金融外,现在的主要分类均为传统的服务业,但是实际上,真正的现代制造业科教文卫体、信息等都是为人服务,这块在其他类。所以,一定说到服务业不要再想念着制造业这件事儿,它是为人服务,为人服务以后,人才有创新能力。这个创新,也并不是物质性创新,不能一说到创新就是科技创新,真正的创新,其实是剑峰说的后面的东西,是人精神境界的不断提升,是互相提供知识的一个创新。由于经济结构服务化直接与剑锋的研究有关,所以我插了这么长的话来阐述服务业的发展。

因为他写得非常全面，所以我也只能大概地进行一些讨论。第一个就是，全球经济变缓是基于经济结构服务化的一个特征，所以可以增加一个经济结构化的角度，即一国在经济结构服务化转变后，与工业化对资本需求规模似乎差距就越来越大。资本过剩问题一直是一个比较大的问题，服务业是不是需要与工业生产相匹配的这么大量的资本，这个我也不清楚，但值得讨论，即资本回报率下降与资本需求下降相关。

第二个问题实证是很清晰的，就是在初次分配中人力资本的占比是不断提高的，资本占比是不断下降的，这也会导致一个很重要的问题就是资本回报率要下降，它的整个比重在下降。《21世纪资本论》其实讲了半天资本比重，最后在它的实证过程中也是在大量讲人力资本崛起的问题。所以我就是讲讲除了经济减速以外，由于人力资本参与了更多分配，资本回报下降是一个趋势。

第三个我们要讨论一个问题，叫作低利率趋势化的后果。第一，这个东西对于发达国家，对于日本可能是有一系列的坏处，但对中国的后果是中性的。低利率要看你怎么利用。当然它有两种可能性，低利率后果有可能改善资产负债表，低利率作为资产置换是一种很好的环境。如果是处于高利率状态，中国的负债问题压力就很大。当然它的另一个坏处也可能会激励负债率持续提高。所以一方面它可以进行负债表时修复，进行置换；另一方面也可能导致负债率的持续升高。所以我认为它的后果是中性的，完全是个把握问题。第二，低利率环境其实可以推动大量的权益投资，但是也容易导致推动资产泡沫、房地产泡沫，所以这种的都是双刃剑后果。第三，低利率能导致传统银行危机，也可能导致金融体系转型。其实，中国的利率一直没敢大幅度下降，像美国那样，美国是从 2007 年的 5.2% 直接降到 0.25%，中国根本不敢这么降，这么降银行根本没法承载。所以这里头都是有一个问题。

第四个问题是刚才李扬老师讲的一个重要的东西，讲到利率对汇率的影响，我争论一下，利率决定汇率只限于发达国家。你看到《这次不一样？800 年金融荒唐史》里头对中等收入国家实证的结果就是，中等收入国家容易受到货币危机冲击，发达国家则不会。其实里头可能涉及的汇率问题似乎还不能用均等利率这么轻易来计算，这里头很复杂。

低利率到底怎么利用？这是我想探讨的。中国当前的情景，中国的市场利率其实一直按利率走廊来控制，现在已经非常清楚。中国的市场利率是有别于官定利率的，银行利率一年期是 1.5%，但是市场利率始终要保持着 shibor 3 个月利率或者是短期便利贷款利率的水平，一直保持在 3% 到 3.2% 的水平。市场利率上限基本上在决定着中国理财市场的基准价格。所以中国官方实际上是很强烈地干预了中国的市场利率。实际上按照现在的盈利水平看，中国的贷款利率还是偏高，所以中国应该是降低利率问题。中国现在的融资成本我认为偏高，中国现在我们最新计算的上市公司，非金融的投资回报率 ROE 今年已经低于融资成本，2015 年我们的 ROE 是 6.8%，我们的融资成本也没低，达到 6.7% 了。上市公司是中国最好的公司架构，它的盈利和融资成本关系等于说明我们现在的情况不是特别的良好，因为到这时候，相当于托宾 q 值等于 1。如果不是上市公司，对于国企还有很多小公司，那肯定小于 1，这不利于企业的发展。实际上现在整个中国当前的问题，还是降融资成本。所以修复负债表与降杠杆可能得并行，并要继续降低企业的成本才能谈上转型。

### 主持人 ／ 李扬：

谢谢张平，这个评论很有专业水准。他这个评论主要是结合中国的情况，对于剑峰的分析，给了一些中国的例证。关于利率水平的问题就是这样，它实际上是高还是低，应该高还是应该低，都不容易得到一个很令人信服的答案，很重要的原因就是中国利率的决定还是不透明的，还是被管制的。有那么多的正面清单、负面清单，还有高达 17% 的法定准备金率等，使得资金的供应和需求不能够充分表现自己，利率由市场决定就是一句空话，所以中国的很多事情，进一步看还是改革问题。下面请国家金融与发展实验室副主任张晓晶教授发言。

### 张晓晶：

我想先就剑峰演讲的一些具体方面说说，另外就他所提出来的一些问题谈一点自己的看法。

首先，因为他讲到全球利率趋势，包括负利率，应该是跟全球经济增长的态势有直接关系的，所以今天把我和李扬老师合写的那本书都带过来了。《论新常态》专门有章节讨论全球长期停滞以及出现的负利率，我以为剑峰会有相关的分析，后来发现他的思路是不完全一样的，应该说在那本书里面我们把故事讲得比较全了。因为在国际上，对于全球长期停滞问题有大量的讨论，文献已经非常之多，到今天恐怕又补充了更多的文献。这里面我认为特别重要的一个东西，其实李老师都提到过了，是科技不能支撑或者说全球面临负面生产率的冲击。长期停滞不过是科技方面真正的危机所带

　　　　　　　　　负利率、低利率与全球利率趋势

来的长周期情况下的一种表象。所以我觉得要把低利率也好，负利率也好，全球长期停滞也好，放在这样的长周期中间来讨论，而长周期背后的因素我认为跟技术周期有极大关系。

因为这个问题很复杂，尤其是讲到周期、长周期很复杂。周期我们学了那么多理论，熊彼特的《经济发展理论》那本书里面都讲了好几种。在今天，我们知道短短长长有很多周期，现在比较流行的又出现了金融周期。其实金融周期，对于今天的讨论也有很大的意义。为什么呢？因为剑峰最后画了一个图，讲全球的利率趋势，这是很有意思的一件事。就是说，在20世纪80年代之前它是一个上升的态势，到20世纪80年代的时候基本上是到顶了，20世纪80年代以后它就下来了，到现在基本到底了。大家去想一想，20世纪80年代出现了什么问题，发生了什么事情？各种事情都在发生，包括李老师讲的全球市场的整合，但是更重要的我们看到了金融自由化的这么一个发展，里根的供给革命。这个东西很重要的，这个东西带来了现在一个周期性的结果，长周期的结果，就是一般商业周期特征被更典型的金融周期特征所掩盖了。那么我们再想一想，这个利率下来以后还会不会像20世纪80年代左右一样，有可能再上到那个程度？一般认为周期不就是循环往复嘛。但我认为利率几乎不可能再回去了。全球的金融架构，货币政策的理念，对通货膨胀的抑制，各方面都变了，你说这个叫机制（regime）变了，或者叫范式（paradigm）变了，整个东西一变，我们的利率再也回不到以前那么高的水平。全球的低利率很可能是一个周期性的现象，在目前应该说可能会持续一段时间。但是也不能过度地给它加码，特别是剑峰也提到了，我们都发了那么多的货币，实际上是面临潜在通胀压力的。因此，利率走向在未来会不会发生逆转呢？我其实就有这么一个猜想，如果说美国经济好起来，美国经济在加息，我认为利率的走向就有可能发生逆转。我仍然认为全球金融周期是一个最重要的概念。这个理论认为，无论你实行什么汇率制度，你所有的货币政策相关变量的变化，都受中心国家货币政策的影响。我们都要受美国货币政策的影响。如果说美国经济好起来，美国要加息，这个周期就会发生根本的改变。当然了，全球面临技术的负面冲击、技术增长缓慢这个事情有很大的争议。一个最流行的看法，美国的 Robert Gordon，他写的文章影响是巨大的，他是美国非常资深的经济学家，长期研究美国的劳动生产率，他是悲观派，他认为不行。但是大家也看到乐观派，MIT 两个经济学家写的《第二次机器革命》，他们说创新好着呢，你们没有看到所以不理解。这是两派的力量。但是现在由于处在周期的低谷，大家的悲观情绪居多。但如果是真的创新起来了，美国经济好起来了，美国在加息了，我认为负利率的这样一个恶性循环有可能被打破。这是我的一个猜想，因为没有太多的理论来支持。这是第一个。

第二个，剑峰演讲里面有一个分析非常重要，也是构成他的理论架构的重要部分，就是资本边际产出 MPK 的这么一个问题。他主要讲了日本资本边际报酬在下降，然后分析了很多很多的影响因素。他的结论是什么呢？他的结论特别简单，就是分析了日本那么多影响因素以后就觉得，日本负利率是必然的，"活该"，它没有办法了，这是宿命。这个理论推导很有说服力。但是我就在想，我们怎么打破市场自身的恶性循环。如果都没有招了，那我们就都歇菜了。我认为这个"招"，按照现在无论是西方还是咱们自己的说法，政府就得出来。但是政府出来也是很可怕的，因为政府一出来，可能就没法控制了。政府，现在西方包括诺奖得主 Michael Spence，他们都在说，我们现在缺的就是公共投资，公共投资是拉动西方经济走出危机的最根本途径。但日本为什么又不行，日本做不好也并不代表其他国家做不好。当然我不一定说中国就比它强多少。但是我们需要去打破它（即 MPK 下降带来的问题），否则我们只能认命了，因为有那么多因素导致它出现。

因为剑峰前面讲的还是围绕这个主题，后面就比较发散，主要是围绕中国的情况，我认为都很好。我下面要接着讲的就是刚才说的，既然政府那么厉害，那么政府出来以后会不会发挥一些并不是特别好的作用。

我现在说的就是第二个。因为都讲开放嘛，包括李老师。剑峰也讲了，开放因素会导致利率加速趋近于零，然后说可能比较多的学者没有注意到。其实我们如果看伯南克，包括 Freeman 所谓劳动力的 "great doubling"，我们能看到他们还是把开放因素纳入进来了。比如由于全球储蓄过剩，才有低利率之类。

我这里想说的是什么呢？这个开放因素，会使得一个国家必须要赶超，而赶超必须要有扭曲。这时候扭曲多少谁来定？政府来定。我就想先讲这个逻辑。为什么开放你要赶超，没有开放自己活得挺好。中华民族几千年，在没有外来侵略之前或者说外部冲击之前，其实它是按照自己的逻辑在发展，很好，至少皇上包括一些精英分子认为很好。但是，由于外界的压力，外部世界的参照，才发现不行，我得跟他们去学，学得怎么样不管。我们再举个例子，比如希腊，可能原本的生活也很好，田园风光。但是如果你不好好努力，劳动生产率上不去，你们这些工人不努力的话，对不起，欧元区给你"踢出去"。包括我们说，一些宗教的教徒不过经济生活、物质生活，但是不行，因为生活在全球化时代，全球化的价值观会直接强制性地输入给你。这就带来一个什么结果？一个国家在没有外界压力的情况下，它会按照自身的逻辑和自身的价值取向去发展，但有了外部压力，你按照自己的逻辑、自己的价值取向已经不行了，这时候就一定会扭曲，而这个扭曲很可怕。比如说，中国为什么要搞金融，金融要大发展，因为可能在政策制定者的意识中，金融是制高点。美国牛，它就牛在金融厉害，然后包括在全球治理的各个场合，它有发言权。那我们就认识到，美国是第一，我们是第二，我们要以美国为标准，我们要超越它。这个东西好不好？在赶超的某一个阶段，激起大家的努力，可能是好事。但是把美国作为我们一个赶超的目标，在目前来讲可能是一个过高的目标，就是实际上我们还不是第二。如果说我们能够超越日本，超越德国，就已经非常好了。我想说的不是经济总量，因为经济总量不代表一个国家真正的强大和老百姓福利的增加。所以在这一点上，如果说我们过度去赶超，我们就会压抑很多东西，包括我们的国有企业应该怎么去发展。在国际竞争压力下，一个很简单的逻辑就是，如果不把它做大做强，我们就无法竞争，包括百度，如果说我不维护它的话，不支持它的话，它就干不过 Google。这一些，我想说的都是在外部压力、开放条件下所形成的发展逻辑，而这个发展是一个被扭曲的发展。

如果我们要赶超，一定会有适度的扭曲。因为就像跑步一样，你在弯道要超过别人的时候，你在瞬间加速的时候，你的肌肉实际上是扭曲的，一定的。但是适度扭曲怎么把握？怎么才能把握好？谁来把握？这是我认为更深层的问题，而且直接涉及金融怎么发展、制造业怎么发展、国企怎么发展、服务业怎么发展、产业政策怎么制定等，我觉得涉及我们所有的发展战略。如果今天我们不把这个问题想好的话，我认为，面对全球的这样一个新常态，未来的发展是堪忧的，谢谢。

## 主持人 ／ 李扬:

谢谢晓晶，又开辟了一些新的角度，先说周期、长周期，这个问题看来还是非常有现实性的，而且习主席几次在说到经济问题的时候，有时候直接就用周期、长周期的表述。最近，权威人士的讲话背后就是长周期，还会持续很长时间。"新常态"其实也是一个长周期的理论，"新"就是说它转弯了，和过去不同了，"常态"是时间很长，用原来的所谓周期理论都是不能解释的。所以这个是要关注的，我们是在长周期的过程之中，而且是在它痛苦的下滑之中，当然我们过去经历过非常欣喜的上行阶段。对这个问题要多加一些关注。因为各种各样的周期肯定是周期越长它的影响力越广越深，小周期、短一点的周期服从长周期，是一个规律性的现象。讲到周期又提到了一个金融周期，金融周期兴韵在美国做了一些研究，这应当说是金融理论中比较新的一个部分。金融能够形成周期，能够主导，不可避免就有两个现象。第一个就是所谓经济的金融化问题，要让整个经济服从金融运行的规律，一定要先把经济金融化。今日经济的金融化是一个很大的现象，很值得重视的现象，大家一定要整个上升到这个层面来考虑问题，因为传统的那些经济运行的周期已经被金融给淹没了。现在经济周期就是上上下下，就是上下上下，没有那些丰富多彩的这个阶段那个阶段，就是上了下了，整个服从金融运行的规律。经济的金融化，大宗产品现在已经很明显，所有东西都具有金融的含义。金融周

负利率、低利率与全球利率趋势

期得以迅速占领市场还与整个经济的网络化有关。过去的经济金字塔化，一层一层的科层化，一个变化不可能那么快地对全局产生影响。在网络化的情况下，一个微小的变化会对全局产生影响，这也是金融周期大行其道的一个重要的原因。所以，这个部分恐怕我们今后也要研究，恐怕大家要一下子把自己的研究平台提在金融周期的这个水平上。

最后再说的是政府的作用：西方的传统是小政府，那是好的，西方经济学也根据这个理念来构造，中国的是好政府，所以中国的政治经济学也要依据此来构造。所以我们现在只能说指望它成为一个好政府，政府要大规模的发挥作用是毫无疑问的了，我们本来就发挥了很大的作用，东方的传统似乎也是这样，如果日本政府不高负债，使得宏观经济循环流不间断，日本的经济可能比现在还要惨一些。

我完全同意剑峰的说法，经济增长就靠投资，整个什么减速等等就是因为投资减速了。中国投资的希望在哪里？投资的领域在哪里？基本上就是基础设施。如果把基础设施这一块搞起来，特别是涉及城市基础设施，特别是涉及国土整治，像河道、水库这些整治，把那个斜坡都修一修，会有 20 年的高增长。对于这样一个高增长，它支撑的金融是什么？这就需要研究，肯定不可能完全用那种商业性金融来做，政府必然会发挥较大的作用，那么就要看怎样去发挥作用。日本的情况好在政府借的是老百姓的钱，左口袋掏到右口袋，所以国家作为一个整体，没有债务危机问题。中国现在总体也没有债务危机问题，左口袋掏右口袋等等我觉得是可行的。

我在这边再提出一件事，全国人大研究关于地方债务管理的问题，我做了一个发言，有几个要点。第一，这个债务是管不了的，在现行的框架下，照目前这样的一种管理方式根本搞不下去。因为地方政府债务最近是愈演愈烈，而它在运行中，所谓地方政府的债务要由地方政府提供担保，甚至地方人民代表大会出具函来担保，这个事情是屡有发生。我们现在又没有一个有效的法律框架来对它进行规范。所以中国到了一个什么时候呢？到了一个要开辟一个新券种，就是政府机构债的时候。现在这个事都是由政府融资平台来做，融资平台你说它是政府，它说它不是，你说它是企业，背后有很强的政府背景，所以分不清楚，现在一股脑把它都作为地方的政府债务，这样一个东西是管不好的。它叫地方政府机构债，是企业的，企业的什么担保都可以做。所以我在想这几个要点，一个就是说，可以考虑开发一个新的品种，把所有的这些政府 sponsored，或者是政府背景的机构全部变成机构债。第二，依法设立，可以设若干法，像美国那些政府机构都是依法设立的。第三，在哪几个领域设？我想无非就是城市基础设施，与城市化相关的，还有住房。这几个领域拿下来之后基本上地方融资平台的那些领域就都覆盖掉了，那些商业性的投资等，地方政府就不应该干了。政府又需要发挥作用，但是又没有合适的法律框架，现在政府发挥不发挥作用，争论就集中在地方的债务问题上，我觉得对债务应当有一个法律的解决方式。

下面我们有请中国社科院世界经济政治研究所的研究员张斌。

## 张斌：

今天上午看剑峰这个文章，看完了之后我觉得非常好，又仔细看了一遍。为什么觉得好呢？因为这正好是我最近比较关心的一个问题，特别是最近我也一直在想研究日本问题。为什么研究日本问题呢？我觉得它很有代表性，因为全球的长期经济增长停滞，其实讨论得比较热闹的是 Summers 提出来之后，是最近几年的事，虽然之前很早提过，但不是一个特别热的问题。现在经济长期增长停滞是发达国家普遍出现的一个现象，不光是日本也是欧洲，甚至有人担心美国也有这样的问题。日本的增长停滞不是一年两年，它有十年二十年的历史，它很可能是一个非常好的样本，这是它特别值得研究的一个原因，它很有典型性。另外，日本是一个非常高负债的国家，货币政策、财政政策刺激已经用到极限了，接下去再怎么走？这也是很典型的。还有一个有意思的地方，最近《21世纪资本论》出来之后，大家都谈论收入分配问题，日本的收入分配做得算比较好的，比较美国等很多西方国家它是比较好的，社会收入总的来说是相对比较公正的，但是收入相对公正它也是面临一个长期增长停滞问题。它能不能作为一个反例来说？至少在增长意义上收入分配可能没那么重要，并不是说收入分配问题不重要，只是在增长意义上它可能没那么重要，我觉得它就是一个很好的研究样本，它说明了一个问题。

我看剑峰的题目，他说是研究负利率问题，他背后写的那些东西，其实在用增长框架讲问题。你其实是在讲，技术进步的放慢及劳动力的放慢，使得每单位资本里面附着的劳动力和技术都在下降，每单位资本的边际回报在持续下降。如果在一个增长的模型里面，我们假定家庭部门储蓄的跨期弹性是不变的，生产方面临这种情况，真实利率就会有一个持续的下行问题。他讲的大概主要是这么一个故事，但是把这个套到负利率上，我觉得这个非常好。我们看到，讲负利率的更多是讲现象，但是这个现象背后的经济体制上的原因，中长期的原因是怎么样的，我觉得还是要在增长框架里面去谈。看完之后我就挺受启发的。

我看的过程当中也确实有问题，其实他在文章里面也提到了。因为对应的一个负的真实利率或者水平很低的真实利率，大概是有两种做法的：一种做法就是通货膨胀是正，名义利率也是正，通过高的通胀来把真实利率降下来；还有一种做法是，通胀也搞不起来那就通缩，名义利率就要负得更多。这是两种组合。从 20 世纪八九十年代以来，西方主流的货币经济学有个基本的理念，大概认为温和的通胀是好的，通缩是不好的。如果真实利率是负的，那温和的通胀对应的是什么呢？真实利率也能够稍微高一点，就不必到负利率水平。究竟这两个组合哪个好？我觉得这关系到我们的货币政策以后的定位问题。第一种组合温和的通胀加一个正的利率，能做到这一点当然好，但问题是怎么去实现温和的通胀？日本已经把货币政策做到那一步了，还是没有实现通货膨胀。

　　我们需要反思的问题，一种可能是他没做对，他只是买现有的资产，再怎么买现有的资产也没有办法增进现有的投资，这个李老师刚开始讲过。还有一种是不应该买现实的资产，直接坐直升机撒钱，把钱放到每个居民的户头上让他去花，甚至有可能比买真实的资产，买各种股票、证券效果更好，而不是说去征消费税。如果真想要通胀，那就让银行直接对每个居民部门发钱，这不是不可能的，也有可能这种效果更好，但是这种工具现在还没有这么方便的实践。

　　另外一种可能性，也可能另外一种组合，通缩加上零利率相比通胀加上更高的利率可能是更好的组合，我们不能排除这种可能性，为什么？因为我们刚才讲通胀加上正利率那种组合，除了难以实现之外，还有一个就是日本现在面临的问题，债务比率非常非常高，金融资产价格泡沫会非常非常大。如果我们是另外一种方式，有通缩，名义利率为负，但是在这个过程当中，日本总的来说还实现了充分的就业。通缩总的来说对于消费者还是有好处的，特别对居民部门是有好处的。

究竟两种组合哪个好？是不是一定说现在日本这种通缩加负利率的组合就一定比搞通胀好？因为要想有点通胀，就必须要配合更多的货币发行和更大的资产泡沫。确实值得我们反思，我们不确定。主流意见肯定是搞点通胀好，但通胀的代价就是金融资产价格很大的泡沫，另外还有工具能不能跟得上，过去的工具能不能做得好的问题，这也是我们现在需要反思的问题。"Inflation Targeting"是不是在各个国家普遍适用的，对于真实利率为负的国家或者非常低的国家，能不能做"Inflation Targeting"？这个是现在货币政策学术界需要反思的问题。但这个没有答案，我自己也是只能够提出一个问题，日本做了这么多年也试了这么多，那么努力地去做通胀，"Inflation Targeting"只会把金融资产价格泡沫做得越多，到最后也没能够真正实现。

剑峰刚才也谈到产业问题，我最近这两年其实很多的精力花在做产业转型上面，我简单给大家报告一点我的体会。总的观点，其实中国这两年的产业进步速度非常快，比危机之前快得多，不光是制造业，服务业都进步很快。为什么这么说呢？首先我们要定义什么叫新产业，我自己比较认同的定义是这个产业它面临的需求收入弹性是大于1的，不是说那个时点是大于1，而是趋势性是大于1的，对这些产品或者服务的支出增长是大于你的收入增长速度的，未来成为一个引领经济增长的部门。我们现在看到的绝大部分的主要大类工业品，需求收入弹性都是低于1的，而且是越走越低，对它的支出增长一定是慢于收入增长的，这也是到了一个收入门槛之后普遍性的规律，不光中国这样，其他发达国家也这样。如果我们以石油收入增长弹性来看，你会看到什么产业有希望呢？第一个是工业内部的产业升级，这一块的新产品，或者更高科技的产品，需求收入弹性是大于1的。第二个是服务业，不是说所有的服务业都涨，我们去看所有国家的服务业，经济转型过了门槛之后服务业涨，但不是所有服务业都涨，人力资本密集型的服务业份额会涨，转型之后，劳动密集型的服务业不仅没有涨反而是下降的。美国、欧洲的也都是这个例子，最终与收入弹性大于1这种趋势性相对应的是一个人力资本密集型产业，或者在工业部门反映为工业部门内部升级，或者反映为服务业人力资本密集的发展。

如果对照着新产业的发展，然后对照着现实的情况来看，整个制造业的升级情况看大类也看不出来，分得太粗，我觉得一个比较好的角度，用贸易数据看。因为贸易数据涵盖面很宽，覆盖的就业面比较宽、产业面比较宽，而且有一个国际竞争的因素在里面。看贸易数据会发现，尽管第一眼看上去觉得中国跨行业的产品升级不是太明显，但是如果仔细看会发现中国的过去几年，特别是出口产品里面的进口替代速度非常快。以加工贸易为例，我们知道加工贸易增加值大头在外面，2000 年的时候大头确实在外面，60% 的增加值在外面，我们自己内部的不到 40%，这 10 年下来最后反过来了，即便是在加工贸易里面，我们的附加值率达到 60%，剩下 40%，这其实就是很多中间品的进口替代，一般贸易就更高了。这其实是制造业里面产业升级的一个非常好的例子，能够告诉我们整个工业部门的产业升级进展的速度，特别是跟金融危机之前比是快的。还有一个宏观数据，一般贸易和加工贸易比例关系也是一样的，其实都是在危机之后加速，危机之前是数量增长，危机之后是质量的提升，中间品的替代在加速。

如果看服务业，按照刚才那个逻辑，人力资本密集型的服务业应该涨得更快，劳动密集型的服务业不见得。看国家统计局的数据，服务业里面分成 14 大类，像旅游、餐饮、仓储都属于劳动密集型，它们的增长速度跟 GDP 增速打平或者是低于 GDP 的增速，根本不能成为一个引领部门。什么增长最快呢？商务服务、科技研发还有金融业。所有人力资本比较密集的部门涨得都比 GDP 快，所有劳动密集型的都没有 GDP 快，是完全符合这个规律的。其实我们也是在进步，但是生活中也明显地感受到跟我们的需求还是不对接的。生活里面的三座大山——医疗、教育、服务，其实都是服务业问题，特别是高人力资本服务业问题。

我再统一提一点建议。人力资本密集型服务业大部分是由政府来提供的，发达国家也是由政府来提供的，比如说社会公共管理。中国的社会公共管理人口的就业比重远低于美国，缺口最大的是这个，政府在提供公共服务方面需要大量的投入，包括人力投入。如果政府拿钱发展经济、搞项目，容易造成不公平的竞争，不仅无法促进产业升级，反而可能破坏公平竞争环境，破坏产业升级。想搞的没搞成，但是该搞的又没去搞，公共服务的缺口从跨国比较来看是非常大的，就业和增加值这块非常大。还有一块就是政府的基础设施，这个刚才李老师也在讲，我挺同意他的说法，他说其实我们的基础设施缺口很大。但现在基础设施的建设面临根本性的问题。第一个是政府现在做特别高大上的基础设施都没问题，但是和民生相关的基础设施，看不见的、地下的基础设施都不愿意做，这就是激励机制问题。还有一个是给定政府的财政资源总是有限的，这是一个信息问题，它怎么知道老百姓最迫切需要什么样的基础设施。所以，基础设施在决策机制上如果还是由上至下的这种制定规划，可能会造成越来越多的浪费，日本也犯过这种错误。我们需要在基础设施的建设机制上面，在激励机制设计上，有来自民众的声音，有来自媒体的监督，有各种问责机制的建立，没有这套东西，解决不了激励机制问题。所以，讲供给侧改革、决策机制，不光是基础设施的问题，其实背后是基础设施的决策机制。这方面如果能跟上，我们潜力还是非常大的。

### 主持人 ／ 李扬：

集中在人力资本上是对的，有点像当年邓小平的说法，邓小平说不知道干什么就干电厂，咱们现在是不知道干什么就搞人力资本，提高学校教学质量、医疗和养老服务水平，把资源往这方面集中总没错，这个问题也值得再研究。再有，他谈到基础设施，基础设施中政府作用的问题，我总的感觉是关于政府作用问题、政府和市场关系问题这些年来被意识形态高度扭曲。一说市场发挥作用，好像就变成资本主义，以至于十八届三中全会这么清晰地表达这个意见也还有人提不同的意见。其实政府和市场的关系完全可以进行非意识形态的讨论，因为非意识形态方面的含义很多，更主要的恐怕还是非意识形态的问题，有些事情就是政府干得好，有些事情就是政府干不好，要确定清楚哪些事情该政府干哪些事情不该政府干，科学地去界定。

这些问题我们做研究的也是责无旁贷。像国企，现在习主席、克强总理都说要瘦身了，资本主义国家搞国企，它也低效率，只要是公共资源拿来私人使用，当然它就是不行，美国国企也不行。一般来说，在经济不好的时候国有化，经济好的时候私有化。我们是反其道而行之，经济好的时候做大做强，实行经济的国有化，经济不好的时候想要卖了。后边又增加了一些别的事情，很容易滑到意识形态里面，保值增值这些事情就都出现了。确实有很多的问题需要研究。

我们现在还有些时间，给各位发表看法或者提问题。

## 高占军：

听了剑峰刚才的报告，还有李老师和各位的评论，我收获挺大的，所以很想反馈一下我的感受。他这里讲了一个很完整的故事，中间的链条其实衔接得蛮好的，实际的一些细节我一会儿有一些问题，但是我想先谈一个感想。

全球这么多国家搞负利率，美联储是全球最重要的一个央行，它对负利率是怎么看的？这个问题其实很重要，我的感觉是美联储对于负利率这个政策是很有保留的，所以美联储到现在一直没有搞负利率。美联储之所以没有搞负利率，第一，可能没到那份上，第二，美联储在极力避免出现负利率。美联储如果不极力避免的话，现在美国的联邦基金利率是负的，去年12月上调了一次利率是20~50bps，是正的，但其实如果不干预的话，之前很早就会是负的。

美联储现在的货币政策和以前的货币政策已经完全是两回事，以前指的就是金融危机之前的货币政策。以前讲美国是市场经济，市场经济的标志性之一就是利率由市场决定，但现在美国的利率是由市场决定吗？其实不是的。每一次美联储公布一个联邦基金利率的范围，最近一次是25~50bps，但是很少有人会去谈，美联储怎么达成联邦基金目标利率。之前是通过纽约联储在公开市场上买入卖出来影响，但是现在，纽约联储在公开市场通过这种买入卖出的操作已经影响不了联邦基金利率，因为现在超额的准备已经3万多亿美元。我说现在美联储的利率是管制利率，就是因为在公布利率政策的时候，其实还设定了一个利率的上下限，利率的下限是回购利率，上限是超额准备金的利率。通过设定利率的上下限，下限正好是在25bps，上限在50bps。第一，影响准备金由过剩变得相对稀缺；第二，鼓励机构之间的套利，从而让联邦基金有效利率达到25~50bps的目标，其实非常类似于利率走廊。所以我觉得美国现在利率的决定机制已经和以前完全不一样。

所以我在考虑这个问题的时候，除了利率机制的变化之外，还有

负利率、低利率与全球利率趋势

通过这种利率机制能够影响利率不到负。大家如果关心的话会注意到，在去年 12 月之前，联邦基金目标利率在 0~25bps 的时候，回购利率的下限是定在 5 个 bps，不是设在 0，就想让这个利率一定保持为正。通过这两个因素，我感觉美联储对负利率是非常有保留的，当然现在也在论证，有可能到一定的时候也去做。这是我想说的一个。

负利率必然有一套逻辑在里面，有两个很重要的逻辑，正好也是我想提出来讨论的。一个逻辑是因为投资下降得很快。投资下降得很快，一个因素是因为资本存量增加得很多，当然还有边际收益递减的因素。我想问的一个问题是，大家都讲，这种情况的发生是因为投资不足，资本存量比较多，但是我们在谈解决当前问题的时候，提出的政策恰恰都是追加投资。如果是这样的话，是不是资本存量进一步增加了，边际效应会进一步递减。这两者之间的关系，我觉得可能需要讨论，这是我想提的第一个。

第二个是资本的边际报酬比较低，趋势是在下降的。资本的边际报酬比较低，低到什么样的一个份上算低？刚才张平提了一个测算是中国非金融企业的 ROE 是 6.8%，这是按整体法来算的，如果按算术平均法是 4% 多。如果是 6.8% 的话，算不算低？现在 6.8% 的水平，其实我觉得是一个挺可观的水平了，美国是 13%。我们在讲资本边际报酬下降的时候，6.8%、13% 这样的水平算低吗？标准在哪里？其实我很关心这样一个问题，当然这个不影响整个的逻辑，但我觉得这些具体的问题可能值得拿出来讨论一下。

因为我也是搞金融的，刚才在讲金融业期望的问题，可能会有很多担心的地方。但是从另一个角度看，我记得李老师以前经常讲中国是大经济小金融，现在来看中国的话，尽管"虚胖"，仍然是大经济小金融。因为一个重要的指标，李老师、晓晶你们在《国家资产负债表》里面提得很清楚，金融相关比英国高400%多，中国现在水平并不高，而且下降了，所以从那个指标来衡量金融业不"虚胖"。这样一个金融相关比较低的小金融我们还需要不需要发展？怎么样去发展？路径是什么？这是我的一些感受。

## 汤世生：

听了剑峰一个很好的报告，用托宾 q 来解释日本的负利率问题。我要说的就是三个体会。第一个，负利率日本做了十年，它的效果到底怎么样？用托宾 q 的公式，无论在开放环境还是在封闭环境下，它的有效性到底怎么样？要引入更多的参数变量，做更进一步的思考。刚才剑峰提到在开放情况下两个世界的合并和中国经济的崛起对它的影响，为什么说这个问题呢？因为，美国尽管没有做负利率，但是在2008年以后做了一个跳跃式的低利率。当时联邦储备实行低利率政策的一个非常明确的目标，是迅速修补美国居民的家庭资产负债表，将资产价格降下来。所以美国的低利率政策包括欧洲央行的负利率政策，和日本的初衷以及对经济的治疗不在同一个道上。欧洲的问题是经济的低迷，主要是欧元区的各个国家对负债的比重自己没法控制，因为根据它的经济增长速度决定货币的供给和统一的价格。日本的负利率政策早期对它的股票市场影响挺大，后面一些年代利率的变动基本上影响不大了，低利率对投资影响也是有限的。所以，日本还继续实行低利率政策到底是出于什么样的考虑？日本的经济学界是不是还有其他的声音？这是一个问题。

为什么说这个问题呢？因为中国的环境跟它有一个相似的地方，中国和日本都属于高储蓄率国家。美国为什么不搞负利率呢？因为美国的储蓄率低。中国如果做负利率，是不是有好的效果？还有一个实际的情况，中国金融机构配置资产的时候，从结果上来看，配置的结果对企业负债的总体效益来讲是负的。我们现在的不良资产率，银行披露的是2%左右，相对银行的利率水平来讲，从整体来讲，最后算出来的结果肯定也是个负数。从这个角度来讲，企业的成本、企业借款的利率变化对它们的影响效率是不大的。曾经在十年前有人说过，中国的利率对企业负债的弹性是弱化的。企业的口号是能借的就借，能花的就花，能赖账不还的就不还，最后往往是敢负债的都赢了，如果折算到价格里看，中国企业的负债整体来讲成本是极低的，甚至是负的。这是第二个看法。

第三个是关于周期的问题。作为金融周期或者是作为整个长周期的一个变化，利率的趋势图剑峰做得很好，每一次开始都是低利率，慢慢地上去都是高利率，最后一圈形成。在这个情况下，中国国内经济发展的不均衡和中国的潜力，未来看起来我们还仍然有很大的上升空间，所以中国的情况可能和日本当时的情况还完全不一样。中国如果实行低利率或者利率再继续往下走，很可能和美国联邦储备马上要加息这个趋势走出相反的结果。从这个角度来讲，国际的周期和中国的周期是不是完全吻合？这也是一个问题。可能国际的周期和中国的周期在时间上不完全吻合。因为无论从哪个角度来讲，中国还不是一个完全市场经济的国家，在国际环境下看我们的周期可能也有些失真，但是从长期来讲，中国如果在周期的低谷，很可能是它们时间上的延后，我们的复苏可能也是它们的延后，中国最坏的时候还没到。

**彭兴韵：**

我简单讲一点我们在讲低利率负利率时，同时需要注意的现象。

低利率负利率出现的国家，比如说瑞士、丹麦、日本、瑞典，这些国家都是发达经济体，而且收入水平非常高，现在我们没有看到一个发展中国家和新兴经济体已经实行低利率和负利率。如果要从资本的回报率来讲实际利率，我觉得在理论上其实早就有了，从维克赛尔到凯恩斯，当然我们再往前也可以回到马克思的那个理论中，都是讲真实经济中资本的回报决定名义利率的走势。其实在理论上原有的这些问题都已经解决，就是名义利率处于低水平，反映了实际经济当中资本的回报率非常低。

今天我们讲这些发达经济体的低利率或者负利率都不约而同讲到增长的模式上，我们做宏观经济研究讲增长趋势的时候，隐隐约约感觉好像低利率、负利率、低增长天然地在我们先入为主的主观判断中，是一个不好的东西。但是反过来讲，我们要考虑是否有一个增长的极限，到了这个极限水平，增长率就是这么高，或者不能再高了。在这样一种情况下，整个老百姓的生活依然很舒服、很安逸，他们的福利都很好。从宏观经济学的角度来讲，可能就是这样一种模式对传统的增长理论带来了很大的挑战，我觉得这是一个新的可以拓展研究的领域。反过来，我觉得对中国来讲，如果真的有一天，我们的利率极低或者走向负利率，如果整个增长走向收敛，那个时候也许对老百姓真的是一件好事，我们都充满了安全感。我觉得有一些问题可以再进一步地思考和研究。

## 殷剑峰：

因为提的问题太多了，我一时还没梳理过来。第一个是张斌提的全球趋缓是全球服务业化的一个特征。我最近也在思考一个问题，包括国外也在研究的问题，就是服务业化之后，它的增长率趋缓是不是一个假象。因为关于服务业的问题，鲍莫尔在 20 世纪 50 年代就提出服务业的成本病问题。比如交响乐团是服务业，100 年前演奏一场音乐会需要 20 人，100 年后现在还是 20 人，100 年前一场音乐会需要一个小时，现在还是一个小时，所以服务业的产出看起来就没有增长。再比如说手机，原来大砖头，现在可以玩游戏，但是统计上讲就是一个手机，增加一个功能在产出上没有任何变化。特别是美国人很关注这个问题，美国是以服务业为主的，他们现在很关注的问题就是服务业的产出被低估了。这个实际上也是现在国外在讨论的一个问题。

张斌说服务业是收入弹性大于 1 的新产业，我也挺同意的，制造业的升级当然是，另外就是现代服务业的发展。全球服务业的增长分两个阶段：第一个阶段是 20 世纪 50 年代到 80 年代，政府提供公共服务占比上升带动了服务业的增长；第二个阶段是信息技术革命，服务业产业化、可贸易化在不断提升。

张斌刚才提出，我这个背后确实有两部门的一个增长的框架，但在这个增长框架里面，如果只是封闭经济的话，比方说，像日本利率低就反映了资本的回报率低。因为随着资本的不断积累，收入的不断提高，资本回报率肯定会下降。在一个封闭的环境下，这种下降始终对应的是帕累托最优，潜在产出等于实际产出，没有失业。但是，在一个开放式的环境下，产业结构、资本结构、人口结构和面临的开放的全球结构不一样的时候，尽管资本回报率还是正的，但由于结构不匹配，就会产生失业。实际上我在这个分析框架中想特别表明的就是日本。在封闭经济框架下，如果没有任何摩擦，始终是均衡的，始终是最优的，利率再低也是最优的，古典经济学到现在已经说了无数遍。但是在一个开放的框架下，特别是考虑到名义利率零限制，会出现总需求不足的问题。

占军说的资本边际报酬低到什么程度算低，实际上我那个里面分析的就是，不是说低到什么程度算低，只要是封闭式经济，并且没有任何凯恩斯讲的摩擦，低到什么程度都是最优的。但是在开放条件下是对比，我的资本回报率比如是 1%，你是 5%，在开放条件下由于金融资本的流动，你就会对我产生影响。

关于金融相关率，中国需不需要发展金融业？肯定需要，不能从总量性的指标来看，要从一些结构性的指标，比方说股市、债市、融资的企业、投资的结构等，从这些角度来看，我觉得中国的金融业不是要不要发展的问题，它实际上是结构性的问题，跟实体经济面临的问题是一样的。我引用日裔经济学家一本书里面一个非常鲜明的观点，如果没有日本的公共财政对私人部门投资需求下滑的一个补充，日本的状况绝对没现在好，而且他认为，日本政府做得非常成功，他把日本 20 多年的停滞和美国的大萧条做了一个对比，他认为与大萧条相比，日本实际上是非常成功的，就是说本来会更坏，但是由于公共财政投资，变得没有那么坏。我也同意。

### 主持人 ／ 李扬：

今天我们的会开得很好，就到这里，我也不做总结了，我要说的话在会中都说了。我们开"智库讲坛"，就是想建立这么一个好的研究平台，我相信大家也一定会感觉到，在今天中国这么浮躁的情况下，还有人这么来讨论问题，应该是一件幸事，希望保持这样一个传统。谢谢各位！

# 新三板
## 分层制度下的发展与监管

北京，2016 年 6 月 24 日

2016 年 6 月 24 日，国家金融与发展实验室"智库讲坛"2016 年第四期在京举办，会议主题为"分层制度下的新三板市场发展与监管"。会议就新三板市场的定位、目前发展状况及新三板存在的问题，特别是流动性问题以及未来对新三板的监管方向进行了细致讨论，并发布了由金融法律与金融监管研究基地撰写的《中国金融监管报告（2016）》和《金融风险与监管：国际研究镜鉴》两项学术成果。

**主要出席嘉宾：**

李　扬　中国社会科学院学部委员、国家金融与发展实验室理事长

胡　滨　国家金融与发展实验室副主任、中国社会科学院金融研究所副所长

郑联盛　国家金融与发展实验室金融法律与金融监管研究基地副主任

黄　磊　全国中小企业股份转让系统有限责任公司信息研究部副总监

李旭东　中信建投证券有限公司董事总经理

张啸川　博时基金管理有限公司高级顾问

## 主持人 ／ 李扬：

各位，下午好！"智库讲坛"的第四期现在开始。首先，我代表国家金融与发展实验室对各位嘉宾的到来表示热烈的欢迎和衷心的感谢。今天的主题非常明确，是关于中国的股市以及对其监管问题，发表的东西包括一个意向研究成果，有两份报告：《中国金融监管报告（2016）》和《金融风险与监管：国际研究镜鉴》。其中，金融监管报告已经连续做了 9 年，《金融风险与监管：国际研究镜鉴》则汇集了最近两年关于风险的研究以及应对这些风险监管框架的一些调整。

我之前多次说过，研究危机非常重要。这是因为社会科学是不能做可控实验的，每次危机都逼着人们做一些常规情况下不能做的事情，所以每一次危机都特别重要。中国是危机过了就过了，对以后如何避免，讨论不多。在美国，第二次世界大战之前 1929~1933 年的金融危机已经形成一个学科，有人在反反复复不断地研究。美联储前主席伯南克本身就是一

新三板：分层制度下的发展与监管

位研究反危机的专家，这个专家恰好在美国出现金融危机的时候担任央行行长，所以美国反危机的操作才这么有条不紊，显得比世界其他国家更有章法。总之，要好好借鉴别人的经验，但恐怕更重要的事是挖掘我们自己的经验。

最近，我经常看到一句话，说我们不要把这些学费给浪费了。包括我们去年的股灾，现在如果不总结好，以后可能还会有，从国家到投资者都有很大的损失，这种损失可能还会产生。这就需要我们学术界，尤其是我们智库对所有这些问题要有深入持续的研究。具体的内容，接下来会有主编及执笔者各自的介绍。

我们的这项研究与中国资本市场的进一步发展有密切的关系。我们知道，中国的资本市场，从 1991 年算起到现在年头也不少了，但遇到非常多的问题，其中我们一直坚持的一个说法就是：中国的资本市场并不特别鼓励或者有利于资本形成，它是一个有利于资本交易的市场。这恐怕就是一个很大的问题。而与此相对应的就是这个市场有利于筹资，而并不特别有利于投资。我们实验室现在在做一项研究，这项研究初步的成果已经产生，就是在 1991 年向这个市场投 1 元钱，到今天也就 1.6 元，这是个很大的问题。其实，在世界各个有着发达的市场经济的国家，资本市场都是人们保命的、养家糊口的藏钱之地，人们退休、养老都靠这个，那些老实的人有一点积蓄就将其投在股票市场上，如果追求长期投资的话，他一定是可以得到满足的，但在中国是满足不了的。这是个很大的问题。

至于我们的新三板，应当说一开始推出的时候，是有点这个意思。它比较鼓励资本形成，给予投资者较大的空间。如今，这个市场经过一些调整，尤其是在去年的股灾之后，到底怎么样？像这种鼓励资本形成的功能是不是能够更好地发挥，它是不是能让一个普通的投资者将老老实实的投资作为最好的储蓄方式之一，能否发挥这种技能，我们还是得再看一看，再讨论一下。

第二点，我们国家的资本市场从 1991 年开始形成，一直有一个口号，就是要发展多层次的资本市场。这其实跟我们的资本市场一开始的缺陷有关，中国的资本市场一开始就服务于大企业，其间服务于中小企业的多层次资本市场的目标一直被提出，但始终没有达到，我们最先是在 A 股市场之外，建立中小板，觉得不能够满足需要，接着搞了创业板，还觉得满足不了需要，于是就有了新三板等等。现在看起来，还是不能够满足需要。那么，在中国当下，对资本市场最殷切需要的是草根企业和地方企业。我曾经比较中国和发达经济体资本市场，大致上可以形象地说，发达经济体里，它整个资本市场的体系是一个正金字塔，而我们是倒金字塔。所谓正金字塔就是说，从最原始、最草根的资本市场，然后到相对规范的资本市场，最后到发达的资本市场，越往上企业是越少的，这符合事物发展的客观规律。而在中国呢，最大的是 A 股，然后往下，一个比一个小，以至于到草根的时候，基本上就没有什么有规模的、可持续的一种资本形成和股份公司形成的土壤，它始终不存在。所以，倒金字塔是不可持续的。发展多层次的资本市场，应该把重点放在草根这个层面，放在地方这个层面，显然，我们在这方面是做得不够的。监管者总是认为，一切都应该在自己的管辖范围之内，都得在自己的手下。殊不知，一旦在你的手下，所有的市场都变成同样的市场。现在，中国主板、中小板、创业板都是同质的，我看新三板马上也差不多了，如果按照目前这种发展的话，也会有这种同质的问题。

所以，这个问题需要研究，我们作为智库，需要点出中间的问题。如果有问题的话，我们需要向有关部门及时提出，不能说做一个市场，就同质化，同质到原来的市场上。

第三点是中国资本市场的体制问题。现在中国资本市场一个很大的问题是审批制。我太知道审批制的毛病了，因为中国自从有了这个市场，就有一个发行审核委员会，我是第一任的委员，一直从刘鸿儒、周道炯、周正庆到周小川，周小川担任证监会主席前半段我还在干，做了这么多届的发审委。现在很多 ST、PT，都是当时我们审批的，我知道那是一个非常大的问题。所以改审批制为备案制，一直是我们的一个目标。去年曾几何时，就呼之欲出，马上就要有了，但是那一场股灾把所有的事情都推迟了。而我，也不无遗憾地看到，新三板本来是备案制，现在又要求审核备案制。机制变了，它的功能就会发生变化。现在又把这个机制拉回到原来的机制，觉得那里面有风险。这个市场怎么可能没有风险呢？所以，我对这个事情还是有些担忧。

我们知道，我们这个实验室有一个重头的领域，就是研究中国的债务。在国家资产负债表的框架下，研究中国的债务。我们也很忧虑地看出，中国的债务问题非常突出，也日趋严重。防范债务不断上升，以致危及国民经济，一个很重要的方面就是改变金融结构。改变金融结构这个目标其实很早就提出了，就是发展直接融资。但是很遗憾，到现在为止，这个目标进进退退，中国还是一个以间接融资为主的国家。再加上，中国是一个高储蓄率的国家，高储蓄的出路就是进入间接投资，从间接融资体系出来的钱，都会形成企业的债务。所以，中国的债务率很高，尤其是非金融企业的债务率以及相应的杠杆率很高，是一个必然的结果。不改变金融结构，我们这个结果还会继续延续，而且日趋恶化。所以，从各种意义上来说，中国的资本市场发展到现在应当说到了一个需要探讨新路径的时候了。新三板曾经给予我们很多的希望，但是从最近一段时间来看，新三板有些方面似乎在回潮。不管怎么说，新三板终究是在原来的体系外又增加了一个路径，我们希望这条路径能够慢慢走好。所以，今天我们形成这样一些成果，举办这样一次会议，把大家请来，就这个问题进行探讨，就是这样一个意思。

说真的，我本人就对中国资本市场的发展非常忧虑。我们是进一步、退两步，这种状况很令人担忧。希望尽我们的绵薄之力，推动这个市场再进一步的深化发展。我就简单说一些自己的感想，不算致辞，希望能够引起大家的注意，因为有关资本市场的会议开得实在是太多了。上个世纪，我差不多每年都会写十几篇有关资本市场的文章。本世纪以来，我就不想写了，因为写来写去，还是那套，而且越写越沮丧，我希望这种状况能够改变。

下面这个环节是成果发布，我们有请国家金融与发展实验室副主任、中国社会科学院金融研究所副所长胡滨博士发布他们团队的研究成果。

## 胡滨：

谢谢李扬院长。今天很高兴在这里与大家交流，这也是我们金融法律与金融监管基地第一次在国家金融与发展实验室这个国家级的智库平台发布成果。今天的发布会主要有三部分

内容。第一部分主要是由我给各位朋友介绍我们最近研究的一些成果，希望这些研究成果能够对各位无论是在金融机构的从业人员还是研究机构的科研人员有一些帮助。之后，我们有一个主题的演讲，针对我们最近一系列研究成果中关于新三板发展与监管的问题做一个主旨的发布。最后，我们也请了一些业界的专家，包括股转系统、券商、基金业的研究人员和从业人员针对主旨发言中新三板市场发展的问题进行研讨。

首先，我想介绍一下我们这个基地，也就是国家金融与发展实验室金融法律与金融监管基地都做了哪些事情。我们基地关注的是金融监管的研究。这里给大家展示的就是基地的网站：金融监管网（中文版、英文版、成果以及微信公众号）。大家可以看到，我们的成果包括四个固定的栏目。金融监管评论，这是一个时评性的不定期的评论；金融监管的月度报告；金融监管每周资讯；还有一个是国际研究镜鉴，这个成果也在今天发布。

再看看我们往年，其实，在最初的时候，我们做的叫金融法治报告，我们大概做了有 4 本，后来基地成立之后，我们改为金融监管报告，金融监管报告已经做了 5 本。在金融监管报告的风格中，我们刻意模仿像 IMF、世行一些定期年度报告的风格，每年都会选取一个当年金融监管领域非常重要的热点问题进行研究。

大家可以看到，我们前期的研究比如说金融监管的道路，这是在金融危机以后做的一个研究。很多学者认为，中国的金融监管有别于西方的监管的特征和理念，这方面我们做了系统的梳理。再比如说，金融监管改革的若干重大问题，也是我们一直在跟踪研究的。前年我们对影子银行的监管做了系统的梳理和研究，去年是针对互联网金融的监管，今年的主题是有关新三板的发展与监管。

为什么要选择新三板作为我们年度的主题报告呢？是因为我们认为新三板发展到现在这个阶段，随着规模的不断扩大，随着市场定位的不断明晰，我们发现在设立之初新三板定位的一些功能在发展过程中出现一些偏离，随着新的分层制度的建立，新三板能否为中国整个中小企业的融资提供基础性的市场环境，需要对已经出台的经验进行归纳，对存在的问题进行分析，以利于下一步新三板能够走好。所以，我们的主题定为新三板。后面，郑联盛博士会就新三板的研究做系统性的阐释。

关于国际研究镜鉴，我们从 2013 年开始关注。次贷危机以后，当时李老师在担任金融所所长的时候，指出金融危机之后，全球开始进行金融改革，希望我们针对各个国家金融改革的动态进行跟踪研究，对改革方案进行系统研究。在研究的基础上，我们在 2009 年推出了一本书《金融危机背景下的全球金融改革》。在这本书里，我们系统地研究了包括 IMF、世行、清算银行以及美国经济研究局等一些重要的国际组织、国际研究机构、智库的研究成果，对其进行分析、归纳，最后整理成书。经过这样的研究，我们发现，我们需要把眼睛放在外面。刚才李老师说了一句很重要的话，不要让学费白交了。有关金融危机的国际研究里面有大量值得我们借鉴的地方。因此，我们在做中国研究的时候，我们一定要关注国际研究的进展。而研究的进展浩如烟海，我们怎么去梳理？我们能否做一些基础性的公益性的工作？所以，我们建立了一个文献库。我们按照我们的标准，选择了像IMF、世行等几十家机构，包括《国际金融研究》这样的杂志，把其工作论文库作为一个基准库。然后，安排我们专门的研究人员包括博士后，带领研究团队，每个月跟踪现有的研究，专注于金融监管，特别是金融危机、金融风险的研究等。我们根据这样来分类，分出几个专题，然后把这些研究成果进行梳理、归纳、编译和评论。这个工作从 2013 年一直做到现在，每个月两期，一共 62 期，目的是让监管的从业人员、监管的决策者以及监管的研究人员有简单、清晰了解国际最新研究进展的渠道，可以根据我们的线索和分析进行深入的研究。经过这些年，我们觉得这些成果有必要进行系统的归纳和梳理，所以我们把这些成果选其精要进行集籍出版，这是第二本书的一些内容。

这里是 2016 年发布的两本书，一个是《中国金融监管报告（2016）》，一个是《金融风险与监管：国际研究镜鉴》，书大家都有，我就不具体介绍了。接下来一些时间，我想就金融监管蓝皮书关于金融监管框架改革这个热门话题谈谈自己的看法。一些核心观点在我们监管报告的主报告中也有体现。

大家知道，金融监管改革的方案呼之欲出，到目前为止，很多的方案在讨论当中。李老师曾经说过"一二三四五"方案。"一"是"一个机构"，"二"是"两个机构"，"三"是"三个机构"，"四"是现有的"四个机构"，"五"是四个机构再加一个机构。这些建议的方案中，到底哪个方案可行，哪个方案符合中国的情况，目前没有定论。不同的方案来自不同的观点。比如来自监管部门研究机构的观点，来自智库的观点包括社会科学院的观点、国家金融与发展实验室的观点，大家的观点在这里汇集，但是谁也很难说服对方。

改革的方案到目前为止还没有形成定论的一个关键原因是，现有这些方案的设计者们、建议者们往往是自说自话，没有一个逻辑的起点。什么是逻辑的起点？我们为什么要改？从哪儿改？改的针对性在哪儿？通过这些改革，能解决什么问题？举例来说，很多人同意的一个观点，就是英国的监管改革模式可能是最好的。在金融危机以后，英国在央行下面设立了 FPC（金融政策委员会），它可以发出指令和建议，由两个监管实体——审慎监管局和新闻监管局实施。他们认为英国的监管模式是未来发展的方向，因此建议中国采取英国的模式。但是，反对派就问为什么英国的模式就适合中国呢？为什么英国的模式就一定能成功呢？你的理论依据在哪里？你的实践基础在哪里？这个事情，我们很难回答。再比如说，有人说，我们应该学习德国的经验，德国的 BaFin（联邦金融监管局）是三会合并成立的一个独立的混业监管机构。几年之前，我曾经去 BaFin 访问过，就这个问题跟他们沟通，我问他们：第一，你们为什么要从分业监管改为统一监管；第二，你们改过后有没有进行实证的研究，监管的有效性是否得到了提高，监管的效率是否得到了提高。当时他们的回答是，他们正在做，但是目前看不到明显的证据。从这个情况反映出来，实际上，这些方案当中，至少从实证方面，很难说清楚哪种方案是最优的。所以，我们怎么来设计方案，这是个难题。

我想，如果要设计方案，是要在原有的框架基础上。这好比一个人穿了一双鞋，我们的监管架构就是现有的鞋，我们的脚就是监管的对象。现在发现这双鞋不合适了，怎么改？每个人会拿出各种方案来改，你穿这双鞋，他穿那双鞋。我想改革的逻辑是：首先是脚的感受，哪个地方紧了，哪个地方松了，哪个地方宽了，依据这个感受，先改什么，后改什么，哪个是最紧迫的。明确这些以后我们才可以改。这是我想谈的第一个问题：改革的逻辑起点。我们要考虑现有的、国际上的监管经验的依据和中国的金融体系中的适应性，这两者之间如何去借鉴，中国的国情是什么，金融监管的特点是什么，这些问题搞清楚之后，自然就会想到怎么改，从何处入手。

从国际经验来看，金融危机以后的几个基本结论已经形成共识。

第一，是宏观审慎的政策框架，防范系统性风险。第二，是加大金融信息的统计，使得我们在防范系统性风险的时候，能有更充分的信息共享。第三，是为了防范系统性金融风险，需要做一些风险的隔离。比如说对于衍生品的问题，银行资金和资本市场资金隔离的问题，所以我们才有了沃尔克法案等等。这些是国际经验。当时李老师带领我们从 2009 年开始做的全球金融改革的启示中，我们也总结出类似的八条启示。这是 2009 年的成果。这成果对中国适用吗？中国金融体系的发展阶段和全球的金融体系发展阶段一样吗？后来，我们的研究发现，在不同的发展阶段，特征是不一样的。现有的阶段中，第一个不一样的地方就是，我们中国的金融体系是以银行为主导的金融体系，和美国以资本市场为主导的金融体系有显著的区别。第二个，金融危机的启示是过度的金融自由难以控制，所以我们应该往回收一点，往政府主导方向靠一点。从中国的角度来说，我们从长期的计划经济转轨以来，我们正从行政主导往市场化方向迈进，这个又是不一样的地方。第三个，金融的发展水平，包括金融市场和金融机构的发展水平，和国外发达的体系又不一样。我们是在一个多层次的金融体系中，在这个体系中，既有规模很大的机构，也有规模很小、不同类型的众多小型金融体系，在这个体系中，同时又有很多金融服务触及不到的领域和产品。我们这样一个复杂的体系，能不能借鉴西方这些发达国家应对过度竞争条件下形成的危机的这些经验呢？显然不能。

在这个问题上，我们反过来在思考中国金融监管的改革时，一定要考虑刚才所提到的中国的国情。

那么怎么改？首先，要找到改革的痛点。什么是改革的痛点？我们大家的分析研究中一般会认为是系统性风险、宏观审慎的架构、组织结构的调整等等。其实，十八届五中全会已经给出了。总书记在五中全会的说明中讲得很清楚，本轮的股市危机反映出来的我们的监管体系不能适应金融市场的发展。然后，下一步，需要做的是统筹协调。总书记总结了三个，我补充一点，共有四个。

主要经济体的金融体制的重大改革目前反映四个方面需要统筹。第一个，统筹系统重要性金融机构和金融控股公司，尤其是对这些机构审慎管理的统筹。这个是全球的共识。第二个，是统筹系统重要性金融基础设施。也就是说怎么样让这些重要性基础设施比如支付、清算、交易等能够为整个金融体系所共享，来共同应对可能出现的危机。第三个，是金融信息的统筹。第四个，是中国特色的，中央监管与地方监管的分工与统筹。这些也是随着当前互联网尤其是 P2P 监管政策的出台，中央与地方监管的分工也会突出出来。

需要统筹的是这些。同时，还有一个协调。一个基本的共识是我们现在是分业监管体系下的混业经营，这产生了一种监管体系和业务发展之间的错配。所以，我们需要改革，需要协调。我们要解决的是如何适应混业经营的发展。

中国目前金融改革所面临的是如何解决统筹协调的问题。这个是痛点，是我们首先要改革的。依据以上的分析，我们怎么改呢？一定是渐进式的改革，不是断崖式的改革、休克式的疗法。我们一定是在原有的基础上，逐步地、稳定地改革。用邓小平的话，叫"摸着石头过河"。

怎么改？第一个要解决当前中国在金融监管体系当中所存在的统筹问题。上面所说的四个统筹，所反映的问题就是，我们监管机构之间，中央和地方之间缺少一个统筹的机构、统筹的力量。我们多次提出要监管的分工与协调，这个协调始终做不到，原因是缺少统筹，需要有人、有机构来统筹。所以，我们第一个观点一定要提出来，是首先要有一个统筹的机构，而这个机构还必须是一个实体性的机构。这是首要的问题。解决了这个问题，就可以调动现有的监管部门的资源进行统一的安排。比如，去年在股市危机的时候，我们给国务院写的要报，第一点就提出面对股市危机，我们要防止由股市危机带来的系统性风险、连锁反应和向整个金融体系传染。要怎么样去防止？首先必须要有一个机构来统筹整个救市的措施。我们当时提出了设立金融稳定小组或金融稳定委员会这样的机构来统筹，后来的事实恰恰反映出了我们在股市救市的过程中缺少统筹。我们看到各个监管部门在不断地推出各自的监管措施来维护股市的稳定，我们同时也看到最后国务院这个层面还是表明了对于股市稳定的一些态度，而这中间缺少一个金融的统筹部门来代表国务院发声。如若有这样一个机构的话，一方面，可以协调好现实的监管部门，包括"一行三会"以及国家发改委和财政部等；另一方面，又不会给那些所谓市场原教旨主义者认为中国政府在不断地干涉金融市场的口实。因为我们是由金融稳定委员会或小组这样一个部门来统筹这样一个改革，并不是政府直接干预金融市场。

第二个是协调问题。统筹是解决监管机构之间、中央和地方之间监管的问题。协调是解决监管者现有的分工和合作问题，现有金融交叉领域如何去监管的问题。这个可能就涉及机构的合并问题，通过机构的合并来带动监管的协调和整合。从目前的情况来看，三会的合并恐怕是解决协调比较务实的办法。

第三个是监管方式的转变。在解决了统筹和协调的问题之后，接下来要做的事情在于监管方式的转变以及监管有效性的提高。这里就涉及很多细节的工作，比如说监管理念是原有的全面覆盖的监管、风险监管，还是功能监管。只有当有了统筹、协调的机构以后，监管方式的转变才能真正地实现。否则的话，只会停留于纸上，不能提高金融监管的有效性和效率。以上是我个人认为未来金融监管改革基本的次序和框架。

总结一下，针对这么多种方案，我们研究的观点认为，比较务实的考虑，应该是"三层＋双峰"。但这不是一蹴而就的，它是有一个次序和发展阶段的。"三层"是中央和地方的分层，宏观审慎政策和微观审慎监管的分层；"双峰"是指审慎监管和行为监管。这个基本上是值得思考的未来的比较模式，但是这样的模式不是一次性改革到位的。一个比较务实的考虑是，从机构的角度首先成立国家金融稳定委员会或小组来统筹，然后在这个基础上，进行协调三会的合并。先有统筹的机构，后有监管实体的合并来适应混业监管。未来的另一个"峰"，比如行为监管、投资者的保护等，可能会放在后一步考虑。因为从目前来看，我们三会都成立了投资者保护局。我们的投资者保护不是没有事情做，而且这三个投资者保护局都跟监管部门之间是一体的。至于下一步的整合，是不是要成为一个机构是可以放在后面的，它不是目前最痛的痛点。

后面是关于主题报告的发言，谢谢各位！


## 主持人 ╱ 李扬：

谢谢胡滨博士。他主要介绍了两方面内容。首先是把我们机构介绍了一遍，大家可以看到，对于中国金融与法律的关系集中在金融监管这个方面。我们是一个有持续性的专业机构，希望大家多关注我们的成果，多多合作。

再一个，他谈到了监管问题，其观点也比较明确。关于监管的问题，估计今年的中央金融工作会会有一个说法。正如我之前在一个会议上说的那样，现在正在一个高度保密的状态下研究，征求意见。"一二三四五"算是一个笑话，等于什么也没说。刚才胡滨也提到现在看起来"二"和"三"比较靠谱，"一"太简单，"五"又太复杂。不管怎样，这个事情已提上日程。监管的问题，我们作为研究者，总感觉它有既得利益在，这样就使得一些问题的研究很难落在科学的层面上。科学的层面就是不考虑利益的，这个事情是什么样的、问题在哪里、怎么去调整。如果是这样的话，事情就好办了。中国的改革方案都是由负责这个领域监管或者管理的部门去提出，那当然它要把自己说得非常合理，非常必要，必须做大。遇到几个部门，大家就争来争去，争执不下，可能就会不了了之。这确实是需要解决的。中国的问题，就像胡滨说的那样，很多就是不协调、不统一。要说统一协调，每个部门都说应该统一，应该协调，说得头头是道。后面一句话就是都应该统一到我这里，协调到我这里来，使得很多事情都不能真正有效地推进下去。希望这次，能有决心，打破利益的格局，按照科学性来解决问题。

刚才也谈到了国情问题。发展到今天，我们不必对所谓的国际经验、国际惯例、国际最佳实践奉为圭臬了，没有这个必要了。今天公投，英国都"脱欧"了，这个世界不知道要发生什么事情。刚刚有人发短信，说这个世界就真正变成 G2 了。那边已经搞得四分五裂，所以他们的有些东西就很难说我们必须要去学，他们的考虑也未必就一定合乎逻辑。中国发展到今天，确实要考虑自己的国情，有些东西，也许我们永远都不会有；有些东西，别的国家也许也永远不可能有。我觉得发展到今天，应该有这样的看法。习主席在阐述他对国际关系的看法时，有几个要点。世界是多样的，发展道路也多种多样，不能因为我做得不错，就否认别人；也不能你发展了几百年，发展得不错，就否认我们道路的合理性。考虑国情，应当是非常重要的。既考虑国际惯例，又考虑国情，这是考验我们智慧的时候了。希望我们的研究能贡献我们的智慧。

下面，根据安排，是由国家金融与发展实验室金融法律与金融监管研究基地的副主任郑联盛博士做主旨发言。大家欢迎。

## 郑联盛：

非常感谢李老师，感谢各位！今天很荣幸有这个机会能跟大家交流新三板的发展和监管问题。我今天想跟大家汇报的主要内容有三个方面：第一是简单回顾一下新三板的发展历程

和它目前的发展状况；第二是看一下新三板目前存在的一些问题；第三是提一点政策建议。

新三板的发展时间比较短，特别是如果从推广到全国的时间来看，2013年推广到全国，至今也才三年的时间。所以，我们提的问题都比较尖锐，当然这也是发展中的问题。刚才李老师提到，我们的资本市场存在两个非常重大的问题。一是这个市场有利于资本交易，不利于资本形成；二是多层次的资本市场是一个倒三角形的市场，也就是说最需要金融服务的中小微企业并没有获得真正的服务。新三板从试点到现在的发展，实际上就是为了解决多层次市场里面这个倒三角问题。

首先，我们来简单回顾一下新三板市场的发展历程。我个人觉得可以大致分为四个阶段。第一个阶段是从2001年到2006年之前，当时是推出了代办股份转让系统，主要是为非上市股份有限公司提供股份转让服务，以及为退市企业提供一个继续交易的渠道，实际上是一种退市机制、补充安排。2006年中关村试点之后，新三板就开启了一个新的天地，主要为创新型、创业型和成长型中小微企业提供服务，后来逐步扩展到上海张江、武汉东湖及天津滨海高新园区，最后2013年扩展到全国。所以，我们将2006年至2013年2月划为第二个阶段，也就是试点阶段。第三个阶段是从2013年2月至2015年7月，之所以把这个阶段界定为一个独立的阶段，原因在于，一方面这个市场已经推广到全国，另一方面新三板市场在 2015 年 7 月之前是一个场外市场，到 2015 年 7 月 31 日证监会发布的《场外证券业务备案管理办法》，新三板市场已经成为场内市场。刚才李老师讲到我们的多层次资本市场，体现在不同的制度、不同的市场结构、不同的主体、不同的功能，那么现在呢？新三板它实际上跟主板、中小板、创业板一样都在场内交易，在交易制度里面，新三板已经逼近这种趋势，所以这是一个很重要的节点。第四个阶段是从 2015 年 8 月至今，新三板进入了一个高速发展阶段。所以，我们从这个角度将新三板市场的发展分为这四个阶段。

我们认为新三板市场有三个非常重要的特征。一是从定位上来讲，它是服务中小微企业的；二是从制度上来讲，它是备案制，虽然不叫注册制，但实质上跟注册制差不多；三是从交易机制上来讲，它有做市商机制，所以从机制的设计上来说，新三板市场跟主板、中小板和创业板是泾渭分明地发展的。

在发展过程中，我们也确实看到新三板的成绩斐然。我们总结了一下，新三板主要有四个比较重要的目标。第一个，新三板为中小微企业的融资提供新的市场渠道。我们之前是以间接融资为主，中小微企业在这个间接融资体系中的议价权很少，所以机会很少，融资很困难，新三板则为中小微企业提供了一个新的融资机制。第二个，为中小微企业的股份转让提供一个支撑。我们国家股票交易的换手率很高，这就造成在我们的多层次资本市场体系中缺乏一个长期股权市场，新三板通过股份的转让，实际上为中小企业的股权投资提供了一个新的渠道。第三个，从整个市场体系的发展来看，新三板确实是做了很大的贡献。我们刚才提到，新三板是备案制，有做市商制度，还有投资者适当性管理制度，个人投资者要有 500 万元才能进入这个市场；在交易过程中，还有协议转让，转让方式有多种渠道。所以，我们可以看到，新三板市场对整个证券交易市场以及多层次资本市场的建设是做了很大贡献的。第四个目标，就是从金融服务实体经济这个方面来讲。我们都知道，金融体系不可能完全都服务实体经济，必然会存在交易的连续性问题，会有空转的问题，会有蓄水池的问题。但是，如果空转太严重，蓄水池太严重，就必然会导致金融过度膨胀，对实体经济不利。我们提高金融服务实体经济的效率，就是要挤压空转的水平，新三板实际上也发挥了这样的功能。我们可以看到，从2013 年推广到全国的这短短三年时间里，新三板挂牌企业达 7700家，规模增速已高于主板和中小板，以前的"倒三角"结构正在慢慢发生变化。随着挂牌加速增加，今年中小板挂牌企业可能达到 1 万家，这个结构就可能发生比较大的变化。

新三板市场的功能正在逐步完善。第一个表现是，我们刚才提到之前中小企业融资非常困难，现在新三板的融资功能正在逐步凸显。2015 年，新三板融资 1216 亿元，创业板是 1156 亿元，新三板的融资规模已经超过创业板。第二个是股份转让，有 24% 的挂牌企业发生了股份转让，虽然占比还很小，但是新三板长期股权投资的功能正在逐步凸显。第三个就是对企业成长的促进。新三板大部分挂牌企业的资质相对都低一点，但通过挂牌的过程，包括辅导、股份制改造、挂牌后的信息披露等，企业在业务模式、治理模式、重要关系的处理等方面慢慢规范起来。所以，在企业发展方面，新三板也有重要的促进功能。刚才也提到很多新三板在市场完善方面的功能，以上就是从新三板的功能来讲，它的四大功能正在逐步凸显出来。

从具体的数据来看，股转系统中挂牌企业的数量增长得特别快，仅去年年底到今年年初一个月的时间，就有 1000 家企业挂牌；最近几个月有所放缓，也在 300 家到 500 家的规模。从这个角度来看，新三板市场已经成为国内挂牌家数最多的交易所市场。

从融资的功能来看，我们统计了从 2013 年到 2016 年初，三年的时间里，新三板发行的股数是 602 亿股，募集的资金规模为 3641 亿元。虽然相对主板和中小板来讲，这个募集资金规模相对比较小，但是这么多中小企业来进行融资，这对于中小企业的发展来说就非常好。我认识一个朋友，是在机场和高铁站做书店的，他通过在新三板市场融资拓展了很多家书店，现在就形成了比较好的规模经济效应。所以，从融资的角度来说，新三板确实促进了微观主体的发展。另外，这期间新三板市场定向增发的功能在逐步凸显出来，市场已经形成挂牌融资到后续持续融资这样一个比较良性的循环，今年上半年新三板的融资规模应该是 600 多亿元。

从新三板市场中的行业结构来看，通过观察某一天市场交易量的情况，我们可以发现金融行业的交易量特别大。即使到现在，不管是当天的或者是一段时间的平均平均值来说，从大的行业特征来看，金融股的交易规模特别大，特别是其中的私募股权基金和几个券商交易规模大，这就使得新三板市场现在的换手率比较高。从新三板本来的定位来讲，它是要服务中小微企业、服务经济结构转型的。但是，在行业结构里面，偏新兴产业、技术产业、消费产业的家数比较少，交易也相对不活跃。因此，从行业结构特征来说，新三板确实有待进一步改善。

行业结构中，我们再来具体看一下制造业。截至 2016 年 2 月底，新三板挂牌企业为 5742 家，其中制造业为 3044 家，占比非常多。在市值方面也是这样的情况，制造业的总市值为 7476 亿元，占比最大。此外，金融业的挂牌家数虽然比较少，只有 113 家，占比在 2%，但是市值高达 3532 亿元。所以，就可以看到在市值结构里面，制造业最大，金融业特别突出。刚才李老师提到了我们新三板发展过程当中有出现定位偏离的状况，它实际上会体现在行业结构里面。从换手率来看，新三板的换手率整体来说非常低，但是金融业的换手率相对较高，这也体现了新三板行业结构中存在的问题。

接下来，我们看一下新三板在发展过程中存在什么样的问题。我在前面也提到，这些问题实际上都是发展中的问题，因为新三板发展得特别快，谁都没做好它在三年里面就成为全国最大场内交易市场的准备。目前研究这个问题的也比较多，新三板已经成为市场里面最热门的研究话题。我们大概梳理了一下，主要有五方面的问题。第一个是新三板是如何定位的。第二个是新三板的流动性问题。刚才我们提到新三板交易量小，换手率低，流动性不凸显，但是流动性又是市场机制发挥的基础，没有流动性就没有交易，没有交易就没有价格，那么这个市场的定价功能就没有了。第三个就是现在最热门的分层机制，它对未来新三板市场的发展有什么样的影响。第四个是更撬动神经的问题，就是转板。企业在新三板里面挂牌，怎么能转到主板、中小板或者创业板里面去，这个是大家非常关注的，特别是上市企业最关注这个问题，因为它一旦能转板，马上就能进行大规模的、流动性非常好的交易，它就有退出的渠道，转板问题现在牵动着新三板中7000多家挂牌公司的神经。第五个就是投资者适当性的问题，我们如何来协调机构投资者、个人投资者和投资者风险保护的问题。这些就是新三板目前面临的五大问题。

我们具体来看一下这五个问题。第一个是新三板的定位问题。我们刚才提到了，新三板最主要的定位就是服务中小微企业，促进经济结构转型。但是在实践过程中，可能因为发展速度太快，谁都没有机会来做调整。在新三板中，很多从事大额融资的主体并不是中小微企业，很多是私募股权基金、是券商，他们一融可能就是几亿元、几十亿元。那么，这跟在中小板、创业板融资有什么区别？在融资主体中，这些大额融资的主体占了很大比例，大量中小微企业并没有在新三板中获得融资，因此，新三板的融资功能虽然在凸显，但是融资结构出现了很大的问题，大部分中小微挂牌企业的融资渠道可能没有真正打开。

　　第二个问题是新三板的流动性问题。从统计数据来看，5742 家的挂牌企业中，有交易的占比只有大概 16%。特别是我们比较关注的一些跟民生、消费相关的板块，一方面上市公司少，另一方面交易也少，比如教育、住宿和餐饮、房地产、服务相关行业中，有交易的公司不超过两家，结构有比较大的问题。即使是非常火爆的信息产业，1132 家中也只有 188 家有成交，交易很寡淡。所以，新三板整体的流动性问题主要表现在三个方面：第一个就是有交易的企业占比非常小，只有 16%；第二个，市场结构存在问题，换手率很低，最近两三年换手率在持续上升，去年达到 55%，但是这其中大部分是因为金融企业的股份交易来完成的，真正换手率的提升并没有那么大；第三个问题是在交易的过程当中价格变化非常大，在同一天它可以是 12 块钱，也可以是 123 块钱，这么大的价格波动就使得定价机制产生比较大的偏差，这也是我们为什么说流动性是核心问题，因为没有流动性就没有定价功能，所以我们认为新三板最亟待解决的问题就是流动性问题。

　　跟流动性相关的另外一个问题就是做市商制度。做市商制度是股转系统在促进流动性方面一个最好的、最大的尝试，这个尝试主要是要促进我们整个供求的匹配。做市商制度制定了相应的标准，也遴选了比较多的券商来进行做市。但是，我们发现做市的过程中也有一些问题，比如说我们在调研的过程当中发现有些券商会认为折扣率还不够低，而企业也会觉得券商要的折扣率太低了而不愿意让他们做市，此外还存在分账的问题。所以，做市商的这个问题在供求两方就存在一些技术上的矛盾。更重要的是，在市场交易的过程当中也有一定的问题，比如说做市商买卖价差不得高于 5%，我们统计了一下 2015 年的这个价差基本上是挂在 4%，是一个比较高的价差，做市商反映如果不挂在这个比较高的价差，收益就没有保证。另外有一个主动性的问题，对于券商来讲，如果这个市场非常好，他更愿意从企业拿到券，然后坐等这个资本升值获得资本利得，而不愿意做市。还有一个小的技术问题，制度要求你的价差是 5%，但是比如说 800 块钱的股票跟 1 块钱的股票，5% 这个价差差别就特别大，那么它可能在 5% 就成交不了，我们股转系统又要求要在 75% 的时间里面连续报价、连续撮合，这就导致经常发生这样的一个情况，比如说我满足这 5%，又满足不了 75%，或者另外一个情况就是它的交易很活跃，这 75% 里面我就这一个价格一直成交，但是股转系统又要求我有 5% 的价差，我又满足不了 5% 的价差，所以券商还有如何应对技术问题的困惑。因此，做市商是一个很好的制度，但是在过去一段时间里，它可能没有真正发挥促进市场流动性的作用。比如说，从做市转让成交金额看，它比协议转让更高，但这其中也有双向交易的统计问题，所以实际上可能没有那么高。整个有做市的股票成交量占比是 24%，这个占比相对也是比较小，所以我们可以看到去年年初以来，做市指数还是非常低的，做市商的作用还没有真正发挥出来，整个市场流动性也没有充分凸显出来。

第三个是分层制度的问题，是现在市场上最热门、最重要的问题。分层制度的政策指向是很明确的，通过分层来培育更伟大的成长型、创新型的企业，同时使得市场流动性非常充裕。但是就一些研讨和调研来看，这个机制能不能充分发挥这样的功能，是需要考虑的。比如说在这个机制的设计上面，美国在分层制度上的经验是最重要的，纳斯达克是最成功的分层市场，但是纳斯达克从 2006 年开始实行分层，在这之前已经有二三十年的发展时间，比如微软都已经成为全球最重要、最有名的软件企业。美国分层机制是自下而上的，而我们现在是刚刚起步阶段就来做分层市场，分层机制是自上而下的过程，所以机制的制定跟我们的目标能不能相匹配是需要考虑的一个问题。第二个问题就是在流动性改善方面可能会带来多少的增量流动性。在分为创新层和基础层之后，创新层的流动性一定会变好，比如

新三板：分层制度下的发展与监管

机构投资者就关注这 900 多家，只看创新层，因此交易一定会活跃。那基础层流动性怎么办？如果基础层没有流动性，股转和融资的功能不能凸显出来的话，就要考虑这跟我们的股转系统功能定位是不是相符合。一方面从目前的研究情况看，可能会带来一定的增量流动性，因为分层制度改变的是流动性的结构，它并不是实质性地增加流动性的规模。另一方面从市场选择上来说，可能有的企业愿意进入创新层，有的企业如果觉得自己很优秀了就觉得不需要进入创新层，因为进入创新层之后，信息披露或监管会更严格。比如家族企业，就不太愿意进行过多的信息披露，当然大部分还是愿意进入创新层的。第三个问题，分层之后的机制问题。如果创新层流动性好到能够竞价，那么交易会更加活跃，如果还是维系原来的模式，那么交易机制实质上没有重大改变，不确定是否凸显流动性。所以在分层制度实行之后，会有四个变化：第一，投资主要都会集中在创新层；第二，创新层流动性会更好；第三，转板问题会集中在创新层；第四，整个新三板的管理，包括监管会呈现差异性。

第四个问题，转板问题。在新三板退出之后，要重新申请 IPO 再上市，还是直接转为小板或创业板的个股？个人认为是直接转到小板或者创业板。那么会带来一些问题，是直接转进去还是需要排队？这是需要明确的问题。为什么要转板，是本人一直没有解决的问题，纳斯达克市场在分层之后，为什么没有转到纽交所的交易所市场去？如果在新三板市场流动性很好，融资功能很强大，能在新三板市场成为伟大的企业，那为什么要转到小板或创业板去呢？那这个转板机制是不是一个伪命题？

第五个问题是投资者适当性的问题。我们现在通过 500 万元限制个人投资者，使得整个交易是机构投资者主导的一个市场，虽然个人投资者增长很快，但是从交易这个角度上来说，可能还是机构投资者主导。但是这样会出现一个问题，机构投资者会想市场流动性这么差，如果把这么多资产配置在新三板或者是创业板，流动性很差，一旦发生风险的时候逃都逃不出来，对机构投资者来说，风险怎么控制？比如交易里面一天有 1 块钱的，有 850 块钱的，净值怎么计算？我没办法计算。所以可以预见机构投资者配置在新三板资产的比例是相对有限的。现在供给方特别大，有 7000 多家，按这样的规模很快达到 1 万家。资金的供给有限，股份的供给又是特别大，投资者适当性要不要放低，放低的话主要就是对个人投资者放低，它风险这么大，对个人投资者风险的防控又是一个问题。实际上投资者适当性问题跟整个市场的流动性，跟它的估值体系完善不完善是紧密相关的。

所以就可以看到在新三板发展过程中有定位问题，但最近几个月已经逐渐在转好，私募股权基金已经不允许上市，有流动性的问题，有转板的问题，有做市商的问题，有投资者适当性的问题。

我们需要考虑到未来整个新三板市场的发展，第一个就是市场的定位。证监会已经把新三板定位成一个场内的交易市场，所以在场内交易市场里面我们能不能通过一些结构的变化来促进整个系统的完善。第二个，在服务对象方面，新三板对创新型、创业型、成长型的中小企业是如何进行服务的，它的融资功能、股转功能、企业发展促进功能能不能进一步地凸显。第三个，在交易方面，新三板的交易体系跟传统的体系是不一样的，我们如何在这种制度下进行更多创新使得这个交易更加有效，特别是在股份的供给和资金的供给方面，就是资产端和负债端如何匹配方面，交易的定位需要进行重新审视。最后一个是规范的定位，我们这个是备案制，备案制的一个问题就是宽进，但是我们现在在监管层面没有非常系统的监管制度，事中的监管和事后的监管可能需要做更大的努力，使得我们宽进后能够严格控制交易主体、上市主体的风险。所以我们在整个体系的定位方面需要做这么几个内容。

最后在具体的发展方面，我们刚才提到定位问题，我们应该更加侧重中小微企业的发展，更加侧重经济结构转型，更加侧重金融服务效率的问题。既然新三板有这么好的机制，它在体系的定位方面需要进一步凸显。

第二，要注重统筹的协调。刚才胡所长提到金融监管体系里面需要很多的统筹协调，新三板里面我觉得还是有几个老问题。比如，行业的发展、市场的发展与金融监管的协调，也就是金融发展与金融监管的协调；第二个协调是在发展过程中股份的供给与机构投资者、个人投资者对资产的需求如何来协调；第三个协调是新三板与其他板如何协调能形成一个真正的多层次的资本市场。这是三个需要重点协调的问题。

第三，要注重企业的需求。现在有很多企业到这边挂牌实际上是考虑到转板这个问题，它们可能考虑到有绿色通道的可能，但是有更多的企业实际上想通过挂牌改善自身的经营模式、业务发展模式，通过融资、股份转让使得企业更好发展，这才是企业真正的需求。所以在发展过程中要更多地注重企业真实的需求。

第四是对于股转系统而言，怎样完善流动性机制、完善市场定价功能，这是我们最亟待解决的问题。所以现在通过分层制度，正在进行重要的制度探索，我们还需要继续探索。

第五是退市的问题，现在在新三板上市的企业有 7000 多家，可能很快会到 1 万家。我们现在分的层有创新层、基础层，如果基础层没有流动性，大家又不投资它，挂牌企业融不到资，又不能股份转让，慢慢就变成了僵尸挂牌企业，如何来解决这些问题。我们要更加注重退市制度，现在主板、中小板、创业板退市制度一直没有解决，使得整个市场壳的资源还是很值钱。

在发展过程中，新三板市场取得了非常巨大的成绩，为中小企业、为金融市场完善、为实体经济发展做出了贡献，使得资本市场结构从倒三角逐步变成正三角，但是在发展中也遭遇了一些问题，我们刚才提到有五个问题。未来如何在快速发展过程中取得平衡使得市场更加完善、更加健全？从研究者角度来说跟李老师的心情一样，有一种忧虑，通过研究把这种忧虑表达出来，希望通过研讨能够更好地解决市场发展中的问题。这个是我今天跟各位汇报的内容，有不到位或者错误的地方请大家多多批评指正，谢谢大家。

### 主持人 ／ 李扬：

我们原来金融所研究的风格传统就是很务实，现在做智库，这一点更是生命线。下面有请张啸川发言。

### 张啸川：

感谢李老师，感谢胡所长的邀请，今天也是第一次来实验室，对我来说能够以某种形式来参与实验室的工作是很重要的，也希望以后继续参加。

新三板对我来说还是一个比较熟悉的市场，

因为我从进证监会以后就对口交易所，那时新三板还没成立，当时是中关村代办股转让系统。当时实际不是把整个叫作老三板，而是分两块，一块是中关村代办股转让系统，另一块是 NEP 和 STAQ，后面这一块叫老三板。我们这一块是独立的，因为两类企业的来源是完全不一样的。后边好多事件实际上我都亲身经历了，包括扩大试点、新三板公司的成立、新三板的章程、新三板的业务规则，那几年我正好是交易处处长，那些东西都是从我手里批出去的。现在说实话关注这些事已经相对少多了，因为客观讲，基金公司参与新三板的公募这块还没放开，专户我们现在大概不到一个亿的规模。就博时来说，我们确实是一个注重价值投资的公司，所以去年上半年整个中小创甚嚣尘上的时候，当时好多新三板的企业定增都是一票难求，我们那时候实际参与不是太多。我们有选择地最后投了 8000 万元，8000 万元在行业里边新三板的投资规模不算太大，大的现在能有 10 亿元，或者再稍微多一点。基金公司新三板的专户总体来说是亏损的，盈利的很少，我们现在还浮赢 40%，就是还没有兑现，因为流动性各方面限制，最后真正兑现的时候能不能拿到 40% 还不一定，当然浮赢比浮亏要好。

我先从买方角度说一下我们对市场总的看法。第一，我们很看好，为什么看好？新三板在发展战略上，谢总当时带领着把这个事迅速铺开，把好的企业收入囊中，这个很重要。企业资源是一个交易场所的核心竞争力，能尽快地把差不多的企业都收进来，这一步我觉得很重要。这里边确实有参差不齐的问题，但是也有很多细分行业的龙头，我们很看好，好多是交易所市场没有的。但这里面有几个问题。一个是研究覆盖面不够，因为企业太多，无论是卖方对它的覆盖，还是我们自己对它的覆盖都很少，所以这次分层客观上对机构投资者还是有利的，至少筛选了一道。即便这样，我们认为创新层对它的覆盖也是远远不够的，这也是我们的规模没起来的原因，我们现在还不想投看不懂的企业。

流动性也重要也不重要，取决于什么样的投资者，什么样性质的资金。比如保险资金，特别是后来的险资。后来的险资中万能险占的比重高，万能险资金成本大概在5%左右，再加上各种销售2%的费率，加到一块资金成本占7%，所以新生代的险资如果想覆盖万能险的资金成本，一定要进行股权投资，进行一般的固定收益投资，钱赚不回来。做股权投资最困扰的是投的数量不够的时候净值是波动的，每年或者定期考核压力非常大，所以它一定要投够数量，现在应该是20%，投够以后能够拿到控制权，能向董事会派董事，这样才能按照成本法计价。现在险资还没进到新三板，如果这块放开了，险资其实是希望投到好的企业的。而流动性对险资不是事，因为它是长期资金，7~10年甚至更长的资金，它真正看好的企业，就像一些险资去投银行一样，一定一次就把它买够，一定要派董事。所以一般对险资来说，流动性不是最重要的。所以问题的关键还是取决于增长性、盈利性，而且关键是企业的质量，不是每个投资者都在乎它的流动性。

这是刚才稍微岔开说的，第一个我们很看好，我们一直在做准备。第二个我们确实比较谨慎，一个是覆盖面不够，参差不齐，另一个，对基金来说，流动性确实还是有一些问题。因为像专户的运作，一般持有人也是有压力的，所以如果流动性不好，实际上都不用说新三板了，交易所市场现在创业板按照我们公司内部的规定，市值太小的公司我们基本都属于禁投池，不会买了。当然，不同公司不一样，有的专职中小创的可能市值很小也会买，但那些我们都觉得风险很大，当然这个也是要付出代价的，把市值 30 亿元以下的放到禁投池里，可能也会错过一些高增长的股票。比如操作一个 50 亿元的产品，收益率真正能上来的一个关键就是重点股票集中持有，一定不是分散化，分散化是一个很中庸的收益率。所以不同规模的产品还不一样，大的产品我们看中后只要在投资比例的限制范围内我们一定要砸进去，但前提是已经看得非常清楚了，但新三板企业由于流动性我进去就出不来，这确实是个问题。

另外，买方来做新三板业务，实际它是有一些特殊性的。新三板买方来做这个事和正常做股票不太一样，因为它是建立一个募投管退的全产品线，就是一个全产业链的事，资金的募集、投资，包括投后的管理。一般的股票买了以后不存在投后管理，它已经是上市公司了，比如万科，你买完以后，反正它自己做得也挺好，我们做得还不如它好。但是新三板就不一样，它还有一些投后的事，包括退出，这些实际对买方来说参与新三板有特殊性，跟通常的买方业务不太一样。这是我从买方的视角来稍微分享一下。

从整个市场来看，这是我原来做的工作，比较熟悉。一般来说，分析一个市场有这么几个角度，第一个是市场体系，我们实际要回答的是：第一这个市场定位是什么？刚才联盛，包括黄总也都讲到了。我总的感觉，新三板是一个，首先用官话讲是多层次资本市场的重要组成部分，这是毫无疑问的。实际上刚才他们提到说是场内市场还是场外市场，确实这个问题不太好回答。其实传统划分场内和场外，实际是指交易所市场和交易所外的市场。现在交易方式电子化，包括各种变革出现以后，原来这种集中交易的需要其实没那么强了，像美国交易的分散化，各种 ECN 都是电子化，也是分散来成交，这些东西你说是场内还是场外，分不清楚。我们国内原来一般的划分通常认为交易方式最高端的是竞价，再稍往下是做市商，再往下协议转让，再往下就像菜市场一个一个去搜寻对手。一般来说，最高端的竞价必须是场内市场才能玩，如果竞价也能玩通常认为是场内市场，从这个角度来讲，新三板是场内市场。当时证监会出新三板的管理办法时，关于加不加竞价这个事我们斟酌了半天，最后还是决定把这个东西加上，因为国务院批一个全国性的证券交易场所是很少见的，两个交易所之后就是新三板，我们当然希望新三板在制度供给上和这两个交易所是拉平的，从这个角度来讲，新三板是场内市场。但是你说是不是传统场内场外市场，这种划分未见得有多大意义。按照清理整顿各类交易场所，我们当时出的五个不得，我们把做市商也划进来。其他的场外市场是不能做做市商的，包括我们协会当时做的证券报价系统，一直想做做市商，我们没让他做，地方的区域性股权市场也是，想做做市商没让他做，那个实际上是按照做市商来划的。我的意思是不管是以哪个交易方式来划分，新三板和两个交易所是没有任何区别的，在制度供给上没有任何区别，只是说现在允许做竞价它还没做，你也可以说就是三个交易所，也没任何问题。国务院指导意见对它的定义是全国性证券交易场所，沿用这个其实也挺好，场内场外其实现在也确实很少提了，因为这个实际指导意义没那么大。我觉得总的定位还是一个机构间市场，它是一个 PE、VC，包括基金，其他各类投资者他们之间交易的市场，从这个角度来讲，如果来突出这个定位，很多降低门槛、让个人投资者进来这些我觉得不一定很合适。

另外一个，跟市场体系有关，就是它和其他层次的关系。现在转板在一些新的政策文件里又开始出现。我就说一下我对这个事的看法。转板，第一，应该建，不同层次市场之间要建立一个有机联系，从这个角度应该建。第二，转板不能成为一个主流的进入交易所的方式，这是一个常识性的，上交易所要通过 IPO 或者其他方式，不能说大家都通过转板。第三，实际上跟第二个有关系，转板一定不能比

IPO 的门槛低，因为很多人热衷于转板，他是觉得我通过转板能够占点什么便宜，或者能绕过监管，实际上不应该是这样，包括我们后来把借壳上市这块堵上也是这样，借壳上市和 IPO 基本适用相同的机制。把握这几个原则，转板错不了太多。

　　分析市场第二个角度就是投资者，刚才提到投资者门槛，我也是接着刚才这个市场定位来讲，不是很赞成大幅度降低投资者门槛。联盛也基本是这个观点，他赞成适度降低，但也不赞成大幅度降低。这个实际上之前在证监会内部也都讨论过好多次，说降多少，实际上按照现在 500 万元这个门槛，它并不是我们目前金融市场最高的一个门槛，你看民生银行、工行等私行，门槛要更高，例如 800 万元，所以这个门槛只是说相对于我们股指期货、融资融券，500 万元门槛高，但是也并不是说高得很离谱。我觉得基本可以维持这个门槛，保证它机构间市场的定位。但同时怎么提高流动性？怎么能让普通投资者参与？你让机构投资者进得更多。比如公募基金进来以后，能发公募基金，它实际使得普通投资者投资新三板的门槛降到 100 块钱，普通投资者买公募基金产品就可以。现在公募基金用专户来参与，普通投资者参与新三板的门槛实际上就从 500 万元降到 100 万元，因为这是专户的参与门槛。所以有很多角度来降低它的门槛，而不一定直接降低投资者门槛。实际上在债券市场建设中是有一些惨痛的教训，因为交易所债券市场原来也是在我们这分管，一直就搞不过银行间市场，后来越差越远。实际上，一个重要原因就是机构间市场把握一个入口，只要进入机构间市场开户，它就得是个法人，就这么一项制度设计我觉得就消除了大量的烦恼。我们的交易所债券市场是一个散户也可以进，老百姓也可以进去买债的市场，我们要在制度设计等各方面花费大量的精力，机构间市场完全没有这些后顾之忧。另外一个我不赞成降低投资者门槛的原因就是，这个市场风险还是非常高的，它挂牌基本没有什么财务门槛，机构投资者都觉得覆盖这些企业这么困难，普通投资者买基本就是瞎买，让他进去也是白进去。

分析市场第三个角度就是一般我们会讲中介机构，新三板在这方面创新是蛮多的，包括持续督导后面这些事，我觉得这块的很多经验实际是值得其他市场的中介机构学习的，这块我觉得还可以。

第四个就是交易制度，做市商制度在中国市场实际上从来没有大面积使用过。我们当时在批这个办法的时候把国内国际各种做市商拿来看了一下，国内做市商在交易所市场用过的就是ETF，当时有个一级交易商制度，主要是上交所，深交所一级交易商制度也不是太完善，交易商双边报价有的时候还接到监察部的电话，觉得他操纵价格，做市商制度实际就是一个合法的坐庄。但是刚才好几位同事也都讲到，海外市场是一个自下而上发展演变出来的，它先是搜寻对手，协议转让，然后说我们找一个人来给我们双边报价，最后再到竞价，它是一个自然演化的过程。我们是自上而下设计的，当时设计的做市商制度在现在运行中其实有好多问题。一个是做市商本身拿到股份以后双向报价，这里边利益比较少，可能借着做市商身份拿到股份以后，真正是为了拿股权的价差，好多类似这种细节，我觉得做市商这块确实需要完善。

最后一个就是监管制度。新三板的监管制度和交易所市场肯定是不一样的，首先它挂牌公司太多。交易所的公司部，每个监管员下边会分多少个公司，好像现在新三板也大概是这么做，30 个监管员监管 7000 多家公司，按照原有的交易所的监管方式实际上是很难完成这个监管任务。当时也听谢总讲过，想把它智能化、模块化，现在反正也还都在探索中，这块其实挑战很大。好多人也讲，新三板发展这么快，一下子搞七八千家，无限量的不考虑交易场所监管的容纳能力，可能也有问题。现在我感觉好像这块质疑的声音也越来越多，所以这里边可能确实需要转换监管方式。但前提还是说只要我把住它的定位，这里边都是机构间市场，买者自负，也没人找你事，像我们说买错了肯定不会去新三板上访，它跟普通投资者不一样。所以把握住这个定位，可能也会好的。我大概说这些。

## 主持人 ／ 李扬：

谢谢！下面有请李旭东。

**李旭东：**

大家好，今天非常高兴来参加这个活动，也是来学习的。我们是在市场上随新三板发展而发展起来的，我们是中介机构、推荐券商。本人从事新三板业务有年头了，2009 年开始做，当时在中关村做，2011 年公司专门成立了一个新三板团队来做这个事，我负责牵头，到现在也有五年的时间了，基本上看着新三板经历了从小到大、从弱变强的这么一个过程，应该说新三板市场确实是个新生事物。

我讲的第一点是关于它的市场定位问题。这个市场其实包容性比较强，差异性比较大。大家看最近整个市场，交易基本是连续的阴线，而融资现在也比较困难，看待融资问题我们判断的标准是什么呢？如果定位成一个 PE市场，它本身就不是融资，融资就应该是比较难的；如果定位成一个交易性市场，那么考虑它融资的衡量标准就不一样。三板市场发展到现在，应该考虑一下它到底是一个什么样的市场。我们通常说是三足鼎立，是三个证券交易所之一，但从实际官方的定位跟实际的做法之间来看还是有分歧的，导致大家对市场认识的模糊，进而影响未来对市场投资的信心，还影响到企业挂牌的积极性。比方说现在证监会把三板定为一个独立市场，作为一个独立市场，应该说对企业从小到大的发展具备相应的服务功能，在交易功能和融资功能方面都是这样。现在我们在分层之前包括分层以后，很多公司其实从成长性、规模大小上来说跟上市公司差不多，但是现在的服务不对等。如果作为一个独立市场，这块应该完善，交易功能要跟上。如果定位是个预备市场，转板机制必须要打通，预备市场就是原来台湾的兴柜市场。但是如果我们在创新层里边再增一个竞价层，那又面临一个问题，竞价层跟创业板之间是什么样的关系，肯定是重叠的，服务对象都是重叠的。如果服务对象完全是同质的，而服务的功能差异比较大，估值包括流动性差异比较大，企业到时候必然选择走人。现在来说为什么出现几十家 IPO 的情况，我觉得是随着创新层的公司发展越来越大，昨天我看个报道说，到了市场上有 15000 家的时候，可能会有 1000 家公司会达到上亿元利润，或者 500 家。这些公司发展到一定体量的时候怎么办？怎么来维持它的服务？这里边带来的问题就是三板到底是独立市场还是预备市场，它的政策的走向是不一样的。无论怎么样其实都可以，但我们配套的制度供给应该是不一样的。还有，现在市场定位对基础层和创新层也是有差异的，基础层我觉得可以放松监管变成一个私募市场，但是创新层绝对要向公募市场发展。我觉得市场的定位问题亟待解决，否则我觉得影响信心，我也不知道为什么市场现在会低迷成这样，有资金面的问题，但是也并不都是资金面的问题。

第二点，讲一下一、二级市场的关系，交易和融资的问题。这个也是依托市场的定位，如果定位是一个 PE 市场，其实不是特别强调交易功能，滴滴打车到现在为止连续获得融资，估值不断提升，其实也没什么交易。定位成一个 PE 市场不用强调它的融资功能，因为流动性问题，融资的估值肯定要降下来。现在纠结融资的问题就在于挂牌公司觉得这是一个公募市场，而流动性的不足导致投资者认为这是一个私募市场，双方价格的分歧就在这，双方判断的标准不一致，导致很难达成一个预期，做出投资决定。我觉得交易和融资方面带来的是这样一个问题，从一级二级关系来说彼此之间肯定是互相联动的，没有一个很好的二级市场的交易，一级市场的发行肯定是不能够顺利进行的，这块功能要适当地均衡。我们不能够过于偏废，很多时候我觉得三板市场一直强调我们是一个融资端，对流动性这块不够重视，即使是基金也有退出的要求。新三板的一些产品一般都是三年期，明年中期应该说是一个退出的高峰，谁来接？当然，公司发展好靠产品继续来接，公司发展不好投资基本就打水漂了。但是我们现在基金方面又在加强监管，产品供给跟不上，市场规模在不断地增长，投资者的数量没有跟上，导致投资者的数量跟挂牌公司的数量不匹配，只能牺牲流动性。我觉得交易和融资功能方面的设置不能说过于强调流动性，但是流动性还是非常必要的，这个流动性不是说随时要达到二级市场的要求，比如说这个公司合理的估值是 15 倍，在一定时间内，我应该在 15 倍能出去，但现在是出不去，出不去就没法再投。这是第二个交易和融资的关系。

第三点是整个市场监管和服务的关系。今年是监管年，我们也很理解，三板过去整个的发展速度很快，在监管方面没有及时跟上，挂牌公司也出现了这些问题，我们的制度就是这样，类似一个注册制，三五个月就搞完了挂牌，董事长、高管还不知道怎么回事就成了挂牌公司了，在规范意识方面，包括信息披露、相关的人员配置方面都不行，包括我们做督导的时候发现很多公司连年报都编不出来，没有人编年报。这段时间正在加速清理一些资金占用情况，原来觉得我们服务的公司规范意识还是比较强的，但是最近清查之后发现一定比例的公司有或多或少的资金占用问题，这还是超出了我的预期，可能全市场情况大致也是这样。所以必须要加强监管，以往监管方面我们重速度。在加强监管的同时，我觉得创新层和基础层的监管是不是要区别对待，对创新层加强监管，基础层是不是可以适当放松一些信息披露，包括一些要求，因为我觉得基础层就是个私募市场。还有在加强监管的同时，服务功能整个是不是要跟上，比如我们现在融资限定在35 个，不能超过 35 个投资者，是不是能扩大一点。包括我们的交易，做市商这块能不能也增加一些，现在增加的是 PE，增加 PE 是一方面，但是其实 PE 有多少家？PE 总共有多少资金？你算一下，如果 PE 用自有资金来做市，PE 没多少钱，可能最大的 PE 也顶不上最小的券商吧，我觉得对增量资金的供应方面还是不够的。其实做市商每家投入的资金也就是十个八个亿的，有几十家投入，我估计做市商加在一起投入的资金也不超过 1000 亿元，现在做市的公司有 1500 多家，一家市值 5 亿元，总共就是 7000 多亿元，做市商的资金也就是六七百亿元，怎么做得动这个市场，并且光做市商本身也孤掌难鸣。其实如果定位为 PE 市场，有些公司做市反倒限制它的流动性，因为现在做市的通道很窄，不配合大宗交易根本出不去，稍微一卖、持续一卖股价就跌得不像样。所以，监管和服务方面可能要适当考虑一下平衡。

第四点是关于市场进入和退出的问题。因为我们现在发展得很快，有 7600 多家了，市场积累越来越多，大家增加了信息搜集的成本，但是退出机制一直没有建立起来。为什么要退出？市场现在是主办券商终身督导制，现在我手里就已经接近 300 家公司在督导，虽然有些督导费的收入，但是这样投入太多的人力资源，并且在这个过程中，券商在督导方面的职责界定很不清晰，对督导期间挂牌公司出现的问题到底要负什么样的责任。比如说资金占用，我们有公司去年发生了几百万元的资金占用情况，证监局就给了我们关注函，有公司去年中报信息披露有些遗漏，会计附注的部分有点遗漏，还有一些内

　新三板：分层制度下的发展与监管

部流程的审批、资金流转的审批、总经理审批等规范运作方面有些瑕疵，给了我们一个提交书面承诺的自律措施，督导员天天进驻公司也不能看成那样，这个责任界定不清晰。我觉得必须要建立退出的机制，有些公司是不是就可以不用督导了，比如基础层公司是不是可以不用督导，或者是到一定阶段后、挂牌一段时间就不用督导，或者让它摘牌，现在摘牌机制主要问题就是因为挂牌没有门槛，摘牌的条件就不好设置，不好设置这个门槛，怎么摘牌，可能最后不能摘牌就大量地堆到基础层去，最后一堆僵尸股。因为挂牌之后的维持成本太低，它就不愿意走，一年就是给券商 10 万多块钱的督导费，给审计机构 10 万多块钱的审计费，用二三十万块钱维持，成本太低。摘牌机制我觉得要考虑建立起来，要建立摘牌机制，无论从流动性、交易、市值等都很难设计，要通过市场化的手段，加大这些公司的规范运作成本，让它主动摘牌，让那些经营不佳的公司、违反意识比较差的公司也承受不了挂牌维持成本主动退出。但是成本的上升就是要赋予券商和企业之间一个自主选择的权利，现在我们是挂牌之后券商跟挂牌公司就绑定了，谁想甩都甩不掉，这样就导致很多公司不听话，甚至连督导费都拒绝支付，但是我还必须审查它的年报，它的信息披露不出来还要打我的板子，现在情况就是这样，极个别这样，我解除督导它还不干，所以这个摘牌机制，包括责任、权利之间要对等。这是进退的问题。

最后一点是挂牌公司的数量跟市场发展的质量问题。数量现在发展得很快，今年不用到年底就能达到1万家，照这个势头，明年15000家，后年2万家。数量是很大，但是目前有两个问题亟待解决，一个是挂牌公司的质量，一个是中介机构的执业质量，都要提高。要提高挂牌公司的质量，相应的就要靠服务吸引好的公司来。从目前情况来看，优质的挂牌公司其实在减少，挂牌意愿在减弱，市场开发的情况就已经体现出来了，当然可能是好公司挂得差不多了，也有这种情况，主管部门也是在引导我们要提高推荐公司的质量，但其实是要么好的公司不挂，差的公司我们不做，就是这种情况，新三板对应的服务对象在收窄。我们做新三板更多的是看未来，短期其实收益很有限，因为收费不是特别高，整个中介机构在执业质量方面大家也有诟病，材料的质量包括一些真实性等，都有这样的问题。尤其是会计师事务所，我们现在这么多挂牌公司，每年年初申报高峰时，IPO、上市公司、新三板的申报和新三板的年审叠加在一起，审计资源根本就不够，怎么能保证审计质量，我觉得审计质量现在是短板。没有这些，基础投资者怎么能够放心大胆地去买它的股票，执业质量确实也要加强，不是说单纯地要加强严管，生态环境也要进行扭转，核心就是市场要形成一个良性的循环。从我们今年三板的收入情况来看，如果仅仅做三板，做市不挣钱，有些已经出现浮亏，定增卖不出去，就是靠那点微薄的挂牌费100多万元维持，在证券公司里边收入贡献比例很低，人均创收是很低的，再这样下去可能会影响到一些机构对三板的投入力度，这个问题也是比较紧迫的。这些问题绕到一起核心就是我们要把三板做成一个什么样的市场？三板是一个 PE 市场，还是一个交易市场？我现在也没有考虑清楚。

## 主持人 ／ 李扬：

感谢李总。今天的讨论非常热烈，已经超了时间，但我看在座的还有其他一些机构，我们再留最后 5 分钟时间，看看有没有其他观点，或者需要评论的，或者需要交流的。

## 听众：

刚才听了李总的观点，我特别大的感受是市场参与者跟监管者有时候认识差异真大。因为我是作为市场的投资者、参与者，这几个月开始做新三板的投资，我坚定地看好新三板，很多符合国家经济转型的新兴产业的股票全在新三板，而且估值很低，所以从这个角度我其实赞同刚才张总讲的，我也特别看好新三板的投资。之前，我给公司打了一个报告，我们作为一个投资机构，应该要关注新三板，应该要参与新三板的投资，所以这几个月我们实际上也在试水。但是参与之后会发现，现在新三板迫切的问题就是流动性，说得严重点，这是决定新三板生死的一个问题。我跟领导说的时候就说到新三板投资肯定不是跟主板投资一样，不是追求快进快出，我们这个资金第一是自有资金，第二是三年之内这个资金不要考虑退出，所以我们投资的时候也是本着长线投资去的。但是做投资的时候如果一点流动性都没有是有问题的。比如说，一开始有一些股票我投了很少，但后来发现这个判断是错的，我想纠错，我只买了 1 万股，市值也就是四五万元，我想把这个卖掉但卖不出去。那就回到刚才李总讲的，这个市场到底是一个什么样的市场，如果一点流动性都不给，卖都卖不出去，这个市场是有问题的。包括刚才张总讲的，他们投了 8000 万元，有 40% 的浮赢，如果流动性还是这个样子，40% 的浮赢分分钟就没有了，你根本出不来。包括刚才讲的 500 万元的问题，监管层可能是抱着一种爱护投资者的角度，提高门槛，认为 500 万元以上的人有风险的识别能力和风险的发现能力。到底有没有科学性？500 万元门槛定的时候，新三板股票可能也就 1000 多家，没有像现在每天都是十几家几十家挂牌，现在都 7000 多家眼看就 8000 家了，门槛还是 500 万元，这科学不科学？合理不合理？当然我们作为投资者不可能追求新三板跟主板一样的交易，因为主板做成这样大家都知道主板是有问题的。但是作为一个交易市场，如果说没有一点流动性，不能满足基本的流动性也有问题。去年发的那么多新三板基金，包括李总讲了到下半年到明年要退出，有约定有契约在里面，如果没有其他增量资金进来谁来接，那么会跌得惨不忍睹。我最近走访了几家新三板公司，去年是 20 块钱的增发价，现在跌到 5 块多钱，其实公司成长性非常好，公司现在的情况比增发的时候好得多得多，无论是收入、利润还是其他方面。有一个股东只有 300 多万股，市值才只有 1000 多万元，他要卖，那个股东是做房地产的，他要用这个资金，他要出来，股价就是从 10 多块钱跌到 5 块多钱，接近 12 倍的市盈率，每年的成长性100%。我是接了不少，但越接越害怕，股价跌得没底。实际上对一个市场参与者来说，流动性还是很重要的，我们一开始也是打算三年以后再退出，因为有些股票你认为它基本面很好，而且成长性很高，估值也不高，十几倍的估值，但是买进去就发现它不断地跌，给上市公司打电话他们说公司很好，但实际上也就是一两万股就能把股价打下 20%。所以，我们作为一个交易者，作为一个投资者认为流动性很重要。我走访了七八家上市公司的董事长，他们现在对这个市场也不满意，因为他们觉得他们公司的股价怎么会这么低，而且现在想融资也融不到了，再加上去年融资的现在已经远远低于当时的增发价，他们承受的压力非常大，因为当时老股东都是用一些基金买的，基金也面临退出的问题。

刚才讲的转板的问题，也是这个样子。现在这个机制很纠结，好的公司因为跟创业板、中小板比估值差别太大，心里太不平衡，所以愿意转到主板。转到主板去必须要这边停止交易那边就报材料，可是那边又有六七百家等着，排队要排两三年，这两三年它的股权不能动，不能股权融资，可是这个时候又是公司高速成长需要资金的时候，也不利于中国的经济转型，不利于有发展潜力的公司成长。还有交易制度存在一些瑕疵，现在主板要定增，规定前 20 个交易日 90% 以上，或者 60 个交易日的 90% 以上，而新三板没有这个规定，它可以随便定价。比如股价 10 块钱，大股东可以 2 块钱增发，而且没有锁定期，这对投资者是极大损害，2 块钱增发，明天就可以卖，股价瞬间就可以打下来，对投资者极为不利，关键是也没法预防，无法判断哪个公司会这么干。

还有一个刚才郑博士也讲了，协议转让这个交易为什么没有价格限点，可以 1 分钱成交也可以 100 块钱成交，比如是一个基金，净值的波动特别大。这些问题都特别明显，监管层为什么没有一个措施。所以我觉得新三板还是有很多现实的问题，就像刚才李总讲的，连续20 天天天是阴线，说明很多人是不看好在退出的，可是管理公司越来越多，而且增加得非常多，里面的存量资金是越来越少的，这是有问题的。监管层可能考虑的角度是理想化的，觉得不能把它做成主板，不能把它炒来炒去，我们也同意这个观点，我们也同意公司一定是细水长流，随着公司的成长，随着公司的发展，股价慢慢地往上涨，我们也是长期投资，到需要退出的时候，两三年、三四年以后我们才退出，这样最好，不要炒来炒去，但是市场面临的一些现实的问题如果一点流动性都不给的话会有问题。谢谢！

# 英国"脱欧"

## 经济和金融影响

上海，2016 年 7 月 11 日

2016 年 7 月 11 日，国家金融与发展实验室陆家嘴研究基地在上海举办了讲坛，会议主题为"英国'脱欧'的经济和金融影响"。会议就英国"脱欧"对全球金融、经济发展的影响，英国"脱欧"对欧洲区域经济的影响，以及英国"脱欧"后，我国和法国、德国等国家的经济、金融合作前景进行了讨论。从短期来看，英国"脱欧"对目前的全球货币政策，主要是发达国家的货币政策会带来一定的影响和冲击；对全球贸易会带来影响，波及全球的贸易转移效应；对全球金融中心格局会造成中长期影响，对欧盟金融体系的冲击有限，但伦敦的国际金融中心会遭受重创。英国"脱欧"对中国的影响有利有弊，短期来看得大于失，但未来还有很大不确定性。

**主要出席嘉宾：**

殷剑峰　国家金融与发展实验室副主任

连　平　国家金融与发展实验室理事、交通银行首席经济学家

程　炼　国家金融与发展实验室学术委员会秘书长、《金融评论》编辑部
　　　　主任

邵　宇　东方证券首席经济学家

黄群慧　中国社会科学院工业经济研究所所长

储敏伟　上海金融学院学术委员会主席

左学金　国家金融与发展实验室理事、上海市政府参事

费方域　上海交通大学中国金融研究院副院长

马　强　中国银监会上海监管局政策法规处处长

张旭红　上海银行国际业务部总经理

## 主持人 ／ 殷剑峰：

欢迎大家来到陆家嘴研究基地，我们这个基地换了一个牌子，国家金融与发展实验室陆家嘴基地，这个实验室是去年批准的 25 家国家高端智库之一，也是其中唯一一个金融智库。今天我们开一个基地讲坛，讨论一下英国"脱欧"对经济和金融的影响。今天非常荣幸请到交通银行首席经济学家连平老师、《金融评论》的编辑部主任程炼博士和东方证券首席经济学家邵宇博士，下面我们就主题先请连平老师发言，发言时间为 20~30 分钟。

## 连平：

我就先抛砖引玉，一是说说对英国"脱欧"这件事情本身的性质怎么看，二是想说说对全球金融、经济的影响，以及对我们的影响。说实在的，这件事情发生之后，要做出非常精确的判断和分析，恐怕现在还为时过早，在许多方面的看法还是从大的框架角度去分享。

我觉得这个事件是全球经济一体化过程中，

英国"脱欧"：经济和金融影响

局部利益和整体利益发生冲突或者说不可调和的集中表现。英国"脱欧"发生在欧盟，欧盟又是全球经济一体化中区域经济一体化水平最高的一个集团，这是个典型的案例。我一直有一个观点，认为区域经济一体化的实质就是全球经济一体化的一个重要体现。现在事实也证明，全球经济一体化中属于全球性的机制推进遇到了很大的挫折，最典型的例子就是 WTO，再往前推进非常困难，搞一个谈判要搞十几年。但区域经济一体化，区域范围比较小，能够比较好地照顾到一个区域内各国的利益，这些利益相对比较好协调，但是它毕竟还是国际性的。全球经济一体化在整体性推进遇到很多挫折的同时，我们也看到大量的区域经济一体化的组织不断地涌现。可以说现在全球已被这些大大小小的区域经济一体化组织覆盖着，哪怕是水平最低的非洲地区也有很多区域经济一体化的组织，这些组织的发展水平比较低。欧盟一体化水平则比较高，因为它是发达国家的区域经济一体化的组织。经过了三四十年的努力，现在应该说是达到了一个经济联盟的水平，贸易、投资、货币、金融很多方面应该说是比较紧密的。

但在这个过程中间，局部的一些利益跟整体的利益协调不好，就会出问题。英国有很多诉求，财务上的诉求，还有主权问题上的诉求，加上最近移民的问题最终促使它承受不了这个压力，出现这样的一个状况。所以我觉得，英国"脱欧"可以说是全球经济一体化或者是区域经济一体化推进过程当中的一个挫折，或者说局部开了倒车，但是我觉得这不见得是一件坏事。再说，既然有局部利益和整体利益，那肯定是会发生冲突的，出现这种现象也不奇怪。英国人在 20 世纪 60 年代和 70 年代初一共三次提出要加入欧洲经济共同体，当时戴高乐一直是反对的，三次都没有进入。后来戴高乐去世了才有机会加入，加入之后在里面的表现也是若即若离，欧元区没有加入，它总是想方设法要保持住伦敦金融中心的地位，所以在整个欧盟中间是一个另类。

现在出现这样的状况，事实上是朝着一个相反的方向走，最终出现这种结果也并不奇怪。出现这种状况表明英国有自己的利益考量，同时也很现实，当它觉得自己的利益不能满足的时候，完全可以采取不顾整体利益的举动。

反过来我们也可以这样想，等到"脱欧"之后觉得有很多压力，经济上出现很多问题，过了一阵子反过来说，我还是要加入欧盟，这种可能性也是完全存在的。区域经济一体化过程中出现的这样一个现象，其实是全球经济一体化过程中局部利益和整体利益之间矛盾冲突的集中表现。

对全球经济的影响，从短期来看，英国"脱欧"对目前的全球货币政策，主要是发达国家的货币政策会带来一定的影响和冲击，很明显会带来比较大的不确定性。下半年美联储原本有加息的考量，现在出现这样的不确定性之后，市场动荡，汇率动荡，在这种情况下，美联储还要坚定不移地加息，形势又受到了一定冲击，我觉得其决心在未来将被迫进行调整。下半年能不能加一次息我觉得要画一个很大的问号，很有可能不加息。

英国"脱欧"还会对全球的贸易带来影响，会波及全球的贸易转移效应。一部分与英国有比较密切的贸易和投资关系的国家，比如说爱尔兰、塞浦路斯、马耳他、比利时、荷兰等这些相对中小的一些经济体，它们的进出口和英国之间的进出口会发生比较大的波动。在欧盟之外有许多和英国的贸易关系密切的国家，与英国的贸易可能会有较快的发展。这中间有点替代关系，英国有两个方面恐怕在以后的贸易关系中会加强，一方面是与英联邦国家，另一方面则是与比较大的发展中经济体，包括中国和印度。印度既是英联邦过去的成员国，也是主要的发展中经济体，贸易关系会得到加强。

对金融市场的影响，一是已经或者正在对主要的国际货币汇率带来比较大的影响。我们也看到了英镑、欧元出现大幅贬值，全球有避险的需求，美元、瑞士法郎、日元成为重要的避险货币，被迫快速升值。同时其他的金融避险资产，尤其是像黄金等资产价格上升，股市也出现了不同程度的动荡。由于这种不确定性可能还会持续比较长的一段时间，我觉得今年下半年基本的态势恐怕很难改变，阶段性地出现一些波动。

对全球金融中心格局的影响可能是中长期的。伦敦作为全球金融中心，当英国退出欧盟之后，原来伦敦对欧盟金融业务的许多便利在未来受到很大限制。与此同时，欧盟欧洲大陆的一些金融中心可能会择机迅速崛起，据说最近在法国巴黎、德国法兰克福、卢森堡这些地方已经开始在研讨怎样推动当地的金融中心发展。我觉得，在欧洲大陆相对来说比较看好的还是这几个地方，法兰克福、巴黎和卢森堡，中资金融机构也加快在那些地方布局，在未来一段时间有一定程度的此消彼长的发展。英国作为老牌的资本主义国家，伦敦的金融有很多年的发展历史，尤其是在加入欧盟之后，虽然没有进入欧元区，但是伦敦的国际金融中心依然还是得到了不错的发展。这与它长期具有的这种比较自由和市场化的风格有很大的关系。我们也知道在 20 世纪八九十年代，伦敦金融中心推行了一系列重大的改革。我想未来在遇到欧盟金融中心挑战的时候，它肯定还会推进一系列的改革，所以它还会有不错的生机，伦敦作为国际金融中心在未来很长一段时间还是会有它的地位的。

未来，人民币在伦敦这个金融中心的业务发展可能会获得更便利的机会。因为它要改革要开放，如果说能把人民币的业务做起来对它是有利的。但问题是因为脱离了欧盟，发展人民币的业务可能更多仅限于英国本土，而欧盟的人民币的业务如果说在欧盟的几个金融中心能够得到很好的发展，可能就很难分到欧盟人民币业务的这杯羹。欧盟在发展卢森堡、巴黎、法兰克福这些金融中心方面持续努力，并通过改革加以推进。

关于对中国的影响，也没有想好，想了半天觉得是不是这样表述稍微好一些，总的来说对中国是有利有弊、有得有失。从短期来看可能是得大于失，从中长期来看是失大于得。

短期来看得大于失主要是说最近金融市场动荡，人民币的汇率最近出现了双贬值，即实际有效汇率贬值，对美元也继续贬值。前一阵子人民币是对美元贬值，但实际有效汇率是明显升值的，现在出现了双贬值。大约前三个月人民币实际有效汇率贬了 4% 多，主要是因为日元升了 30% 多。从 J 曲线效应看，这对中国下半年的出口应该说多少会有一点好处。中国现在的下行压力比较大，本来期望下半年出口会比上半年好一点，但现在英国"脱欧"的事件发生之后，出口似乎又没法指望有所改善。现在看来双贬值对我们来说下半年的压力会相应减轻。对于中国来说，目前外汇储备变化不大，说明目前新的外汇市场状态正在出现，即央行基本上没有太大的干预。这种状况基本上是由市场的供求关系影响形成的，这样我们就相对比较主动，以后适当地进行干预还是有一定的空间，所以我觉得最近这方面的压力相对小一点。是不是从短期来看可以说是得大于失，还不好说，因为短期来看英国"脱欧"谈都没有谈，其他比较实质性的影响没有展开，主要是对市场产生了一些波动。

从中长期来看，有利的地方应该说也有，也就是刚才提到的，中英之间的经济贸易关系将来可能会发展得更快一些，如果中国也是比较主动的话，英国经济有可能会向中国进一步靠拢，贸易、投资、货币各方面的关系和战略伙伴关系可能会更加紧密一些，而且欧洲出现多元化也并不是说没有机会。

但从中长期来看，英国"脱欧"对我们的不利方面应该说还是存在的，过去较长时间内我国借助与英国密切的关系来影响欧盟对华的政策，这部分的空间可能未来就没有了。过去英国同中国的政治经济关系比较密切，许多中国希望影响欧盟的方面是通过英国这个渠道推进的。但在未来，显然没有这样的机会了，这对中国是不利的。

长期以来中资企业和中资金融机构是以英国为桥头堡进入欧盟的，因为欧盟的进入门槛比较高，把英国作为跳板进入相对来说比较便利一些。所以中国相当多的金融机构在伦敦都设有分支机构，在法兰克福相对比较少，进入伦敦以后，因为它是金融中心，进入欧盟其他地区也比较方便，所以将来这种便利也没有了。

所以现在需要考虑未来要发展与欧盟的经济金融关系，如何在欧洲大陆更好地进行布局。长期来看不能掉以轻心，我总的看法是这一事情对世界经济影响是偏负面的。谢谢大家！

## 主持人 ／ 殷剑峰：

刚刚连老师的观点是从长期来看英国"脱欧"对中国是失大于得，不知道大家是不是也同意这个结论。下面我们请《金融评论》编辑部主任程炼博士，他上周刚去巴黎参加了欧盟关于英国"脱欧"的讨论会。

**程炼：**

因为上周正好是巴黎国际金融论坛，他们在英国"脱欧"以后紧急开了一个会，讨论欧盟相应的应对，借此机会和欧盟的很多市场人士和专家做了交流。我从欧盟自己的视角讨论一下英国"脱欧"产生的影响，以及对上海的国际金融中心建设有什么样的影响。这里我主要分四个部分：第一，关于英国"脱欧"后果的评估；第二，巴黎等其他欧盟金融中心的机遇；第三，对中国的态度；第四，对上海国际金融中心建设的启示。

第一，对英国"脱欧"后果的评估，目前，我们没有足够的信息对欧盟的经济影响进行准确评估。

第二，对欧盟的金融体系大家普遍认为冲击是非常有限的，但是认为伦敦的国际金融中心会遭受重创，他们的基本态度很讽刺，到时候我会讲一下。

为什么没有足够的信息对英国"脱欧"的经济影响进行评估？这涉及几个方面，因为最近的新闻报道都非常多，所以大家现在基本上对"脱欧"的过程都有一个了解，它不是简单的投票就自动脱了，需要英国先根据他们的条约提出一个"脱欧"申请，欧盟要和它继续谈判，关于以前的这些协议要重新签订，讨论欧盟和美国之间新的定位，在这个基础上他们才能够确定在"脱欧"之后之间的经济联系。

首先，"脱欧"谈判何时启动，现在不清楚。从欧盟的方面，无论是政治家还是经济家包括金融发展都希望英国尽快启动谈判，因为他们非常不愿意目前的市场面临这么大的不确定性，但是英国不着急。所以，这个事情现在悬在这里。

其次，英国真正"脱欧"之后，和欧盟的关系到底怎么定位，这个到现在也不清楚。最好的情况是有可能变成名义上的"脱欧"，实际上通过其他的协议保持基本上和目前类似的关系，这个是有先例的，像前面讨论的瑞典模式那种。但是这个现在不确定，所以也不知道后面英国"脱欧"实际上到最后变成什么样的结局。

再次，不确定性是来自政治和经济的连锁反应。一个是来自英国内部的，像苏格兰后面会不会出现独立的局势，因为荷兰和法国本身的右翼势力非常强大，而且它们在这方面示范效应也很强。以前大家担心边缘国家，希腊它们会不会脱，实际上现在从利益上、关系上来看希腊是最坚定留在欧盟之内的，"脱欧"之后有很多希腊人上街游行，拿着大牌子说我们坚决不走，他们是欧盟最大的受益者，也实际上是英国"脱欧"的一个重要的原因。再一个就是在目前金融市场这么大动荡的情况下，更大的挑战来自不确定性。这件事情无论从欧盟还是从英国方面来说都是当头一棒，因为在"脱欧"之前公投的时候，我跟所有的欧盟方面或者是英国方面的人士交谈，大家都认为我们现在会做一些套期保值，但是这只是技术手段，内心里头大家不会认为这个情况会出现。我只是像买保险一样，我买了它，放在那里，但是没有想到这个意外情况确实出现了。所以这个对欧盟包括对金融市场来说是一个很大的打击，这个也是目前出现动荡的重要原因之一。

就欧盟内部来说，他们觉得对金融体系的冲击是非常有限的，这里头有一些可能跟我们以前的直观了解不一样，一个是他们认为欧盟很多金融活动具有区域性。他们举的一个最主要的例子是保险，他说你要去讨论欧盟各个国家的保险公司，你说最大的保险公司是哪一个，欧盟有没有相关的概念，一般人想不出来，一个原因是像保险这一类经济活动有很大的区域性，基本上在地区市场上，不在全球市场甚至是欧盟层面的市场上，英国"脱欧"这样的事情对他们没有多大的冲击。

英国"脱欧"之后，就像刚才大家所讨论的，伦敦作为欧盟的金融门户可能不再存在，欧盟会不会因此受到很大的影响。伦敦作为欧盟的金融门户，服务面对的更多的不是欧盟本地的投资者或者是金融人士，而是亚太地区的外国的投资者，所以如果说由此产生比较大的冲击，受到冲击的更多是外部的投资者，他们需要找新的门户，而不是欧盟内部的这些金融机构。再一个他们比较有自信，欧盟其他的金融中心认为可以替代伦敦的作用，实际上就像我后面将要讲到的，像巴黎实际上在很大程度上是有点幸灾乐祸的，因为他们觉得这对他们来说是一个非常好的机会。

反过来对伦敦的国际金融中心地位认为是一个比较大的打击，这个大的打击虽然没有大到可以动摇它的国际金融中心的地位，但是无论如何是一个大的打击。刚才所说的这些因素我们目前没有办法从实质的角度来说伦敦的国际金融中心会受到什么样的影响，他们更加强调的是不确定性。就是说英国"脱欧"公投这件事情本身，因为这个会要召开预定是在公投之前就把议程排上了，当时"脱欧"结果还没有出现，他们只是说有可能这个东西会产生什么样的影响。但是本身公投这件事情就是非常负面的信号，为什么？因为伦敦之所以成为国际金融中心，除了监管方面的大爆炸的政策，监管的宽松，英语这种世界语言地位，最重要的一点是英国保守和稳定的形象。大家都通常认为英国更加保守，没有习惯法，没有剧烈的革命，英国人本身非常的保守，非常的绅士，觉得在这个市场投资不会遇到大的动荡。

所以巴黎开会的时候大家打击英国的软肋就是在这一点上，你出现这么大的事情，大家认为的二战以后仅次于柏林墙倒塌的巨大的冲击居然在英国发生了。对投资者来说，英国无论是政治上还是经济上的保守和稳定的形象都被打破了，这对一个国际金融中心来说是非常重要的，尽管这是一个软环境。

英国一旦"脱欧"，即使是像我们刚才说的通过各种协议保持事实上和欧盟的各种联系，但是至少在形象上它的欧洲门户的地位就失去了。就像刚才连平老师所说的，很多金融机构或者是投资者包括我们国家都是通过英国来建立和欧盟内部的金融联系，一旦英国本身不再是欧盟成员国，哪怕你跟它有密切的联系，你也不可能再有欧洲门户的品牌。而且从更加实际的角度来说，一旦英国脱离欧盟，现在在英国的欧洲监管当局要迁出，这是很大的影响，大致给我们的感觉像是北京金融街的"一行三会"都迁出去会产生什么样的后果。

它脱离欧盟的时候，欧洲央行提出了一个警告：很可能会关闭对英国的欧盟支付清算系统。也就是说你不能再作为一个内部成员来使用我的支付清算系统，这个对它来说是巨大的打击。所以从这两点看的话，英国如果实质性"脱欧"，很有可能失去欧洲门户的地位。

英国这次公投体现出的排外情绪，尤其对伦敦金融城的外部工作者和投资者来说非常重要，伦敦城里 60% 是外国人，这些人对英国伦敦城的金融运转来说是必不可少的。我们看到公投结束以后，伦敦前市长专门发了推特跟大家说，现在外国人在伦敦的生活仍然是安全的，但是反面有一个担心，实质上外国人已经觉得在英国生活不安全了，一个是我在工作上的稳定感没有了，再一个是我在生活上直接感受到了威胁，英国人不喜欢我们。这个打击对一个国际金融中心来说也是非常致命的。而且我们知道，英国"脱欧"的主要因素是他们的排外情绪，不愿意接受欧洲的移民，这个移民甚至不是难民，不是在欧盟内部搞得沸沸扬扬的利比亚难民，只是一般的来自波兰的欧洲移民。所以从这一点上来说，他们在进行"脱欧"谈判的时候，这个立场可能不会后退，否则也没必要"脱欧"了，这种排外情绪对伦敦国际金融中心地位的打击是非常可怕的。

现在欧盟对它有没有什么真正的应对方案？会议上一个很有讽刺意味的标语是"Keep Calm and Carry On"。为什么说它很有讽刺意味呢？因为这个标语实际上来自英国，它是二战时候英国一个重要的宣传话。当初是为了应对如果德国真的发动了陆地战争入侵英国之后用的，在这种情况下大家还是应该保持平静，该干什么干什么。现在结果被拿来讽刺英国，说我们会保持平静，我们会该干什么干什么，英国人不要觉得对我们有太大的影响。但是它的反面是欧盟实际上到目前为止没有什么真正的应对方案，所以我们只能还是按照原样先走着看，看后面怎么办。

就像刚才提到的包括这个会议实际上是一个巴黎的宣传会，规格非常高，高到什么地步？一开始只是说法国的包括他们的财政部长、金融部长、事务部长、劳动部长来参加，实际上到后面的午餐会的时候法国总理也来参加了，就专门为了这个会过来站台。实际上他的主要目的就是向全世界推销巴黎作为国际金融中心的地位。所以现在一旦英国不再能够成为欧洲金融门户，谁来承担这个品牌是非常重要的。巴黎认为他们无论是在文化上面还是经济上面有很好的地位。

另外，他们开始塑造金融友好的形象，这个地方要说明一下，传统来说巴黎被认为是金融中心，但是实际上无论在巴黎人自己的概念里头还是在欧洲人的概念里头，巴黎不是一个对金融友好的地方，法国也不是对金融友好的地方。欧盟是很讨厌金融的，他们认为金融是脱离实体经济的存在，所以只有英国人去做。而法国尤其是他们的左派对金融都非常地不喜欢，这也是他们监管严格的原因之一。这一次午餐会的时候，法国主要的政治家专门提出来说他们不讨厌金融，他们不是金融的敌人，他们是金融的朋友。这个话题在我们听起来感觉没什么，但是这些政客说起来是非常有震撼力的，法国左派一直认为他们是站在底层人士这一边，金融家是他们的敌人，他们要跟工人阶级站在一起，这是他们的基本立场。但是现在为了争夺国际金融中心的地位，他们甚至愿意推翻原来的政治立场，转向说他们要和金融家做朋友。

第三条大家可以看出来，对法国人尤其是巴黎人来说是非常不容易的，他们开始愿意打造英语环境，在几个部长的演讲，包括他们总理的演讲都提出他们要建双语学校，他们要开始塑造巴黎的双语环境。实际上大家都心知肚明，法语是巴黎成为国际金融中心的一个重要障碍，但是这个你没法跟他说的，甚至作为学术探讨你都是不能提的，因为这个是他们非常敏感的一点，你只要敢说法语不好，就是政治不正确的问题。但是现在法国人愿意做出重大的牺牲，他们愿意打造双语环境。

第四是非常有意思的一点，他们谈了这么多，最后落实的一个非常重要的举措，也是他们认为牺牲很大的举措是他们愿意和伦敦做非常良好的商业和交通上的对接。甚至他们提出一个方案说他们可以跟伦敦发通票，类似于我们的地铁月票，您可以到伦敦坐地铁，也可以到巴黎来坐。而且这个提议是单方面的，不是和英国做过协商的。这个是一个很高的姿态，尤其对于法国人来说，但是也从反面映衬了一点就是这个姿态说明巴黎认为即使是遭受了这么大的冲击，伦敦作为国际金融的地位不可能衰落，所以巴黎即使要争夺在欧盟的国际金融中心地位也是次要的，还是要做好和伦敦的交流与沟通才可能提升自己。这个也反映了后面巴黎和欧盟内部对英国"脱欧"之后国际金融中心格局的一种看法。这个效果展望不是巴黎以及欧盟的金融人士谈的，因为这是一个宣传的会，他们会从正面说得更多一些，无论是从他们的发言举措还是前面的种种迹象看，伦敦的国际金融中心地位在短期内难以撼动，这是一个在他们潜意识里面的共识。

再一个重要的是约束巴黎和其他的欧盟城市成为中心的还是金融运行和管理体制上的分歧。简单地说就是以银行业为主导的这样的一个金融体系，当然强调和实体经济紧密结合不是坏事，但是导致的一个问题是金融体系的封闭性，这个是不可避免的。我在开会的时候一直在想一个比喻，怎么来讨论像巴黎和伦敦的金融业方面的区别，因为实际上如果真的去仔细地看巴黎的金融业和伦敦的金融业的数据对比，你发现远不像大家想象的有那么大的差异，甚至包括像债券发行在银行业方面巴黎是超过伦敦的，但是没有任何一个人会认为巴黎是比伦敦更加重要的金融中心。一个原因在于包括像巴黎、拉德芳斯这样的金融中心内部做的模式是金融中介把企业家、银行和投资者结合在一起，让你在内部实行融资，他们认为这是很好的方式，因为和实体经济相结合，但是问题是这样做是封闭的。如果我是一个外部的投资者，不是这个圈子里的人，你所做的东西跟我一点关系都没有。而英国的体制是开放性的，所以英国的金融体制、金融市场能够吸引外部的投资者，并且借助这个过程来实行创新。法国体制产生的问题其实是虽然法国的融资量非常大，毕竟重要的欧盟大公司和大的银行业都在巴黎进行重要的融资活动，但是这些都是自家的活动，就像中国 17~18 世纪的 GDP 一样，占世界 GDP 总量的 2/3，但是有什么用呢，对世界没有任何重要的影响，因为都是你自家的事情。现在巴黎存在的也是这样的问题，金融总量在某些业务上非常大，但是是你自家的事情，跟其他人没有关系，你也不可能成为世界金融体制当中的一个枢纽。

再一个很重要的约束是政治上的不确定性，这个也是欧盟现在面临的很重要的问题。现在大家都已经看到欧盟政治整体向右转，在法国内部实际上关于移民问题也存在着很大的争议，包括在未来的发展方向上面金融到底是不是作为主攻方向，这一届的政府抓住时机做得很好，口号很响亮，但是马上一年甚至不到一年，政府就要换届了，下一届政府会怎么样，没有人知道。这也是我刚才提到巴黎和伦敦的重要区别，相对来说英国在政治上更加保守，大家不担心政府换届之后会对总体的政策有什么影响。但是法国恰恰是一个精英体制的国家，实际上在某种程度上和我们有些类似，领导班子换届后会怎么样大家都会有很大的疑虑。这个实际上也是巴黎这些欧盟城市想要成为一个金融中心面临的最重要的问题。

再谈一下他们对中国的态度，这些东西可能就像刚才连平老师说到的，由于他们遇到了问题，所以他们现在对中国肯定会有求，对我们来说会更加有利。这次我去开会实际感觉到，他们现在极为迫切地需要中国，感觉基本上类似于当初欧洲债务危机的时候欧洲对中国的需要。举个简单的例子，一个是我们这次过去办签证，我是在星期一当天递上材料，当天按指纹，当天就拿到了，这个在以前包括他们法国人自己也说这是前所未有的现象，为什么？因为你是中国人，他们现在急需要中国人过来。

当时我们开午餐会的时候，一桌上面就我们几个中国人，几乎所有开会的人都会到我们这来转一下，跟我们打声招呼，问你们是从中国哪里来的，过来的目的是什么。无论是法国人还是英国人还是其他国家的人，包括日本人和美国人，他们各自的态度不一样。法国人很高兴，中国人终于过来了，至少在形象上有人给我们台面了；而英国人顾虑很重，他们想看一下中国人到底是什么态度，到这到底想干什么；包括日本人，还专门有个日本电视台抓住我做了半天的采访，就问你们的基地到底是在法国还是在北京，过来想要干什么，是不是跟他们有实质性的合作。

还有一个很小的细节，这次所有的服务生纯法国人没有任何的中国人，但是都会中文，而且服务生在做酒水的时候，专门放了一排点心在我们的桌上，实际上目的很明确，让大家可以借这个理由到你这取小点心，顺便跟你说几句话。就这些细节可以看到他们对中国的态度，虽然我们不是什么高规格的人员，我们只是一般的研究人员，但是他们仍然很重视。

而且在会议的议程安排上，两天的会，很多的议程，其中有两个和中国相关，第一个是人民币国际化，被放在非常重要的位置上，邀请了中国在那边的建行和中行的行长过去，专门讲这个议题。比如说人民币国际化，他们的主旨就是大家以前把注意力放在伦敦，但是他们巴黎也可以做，甚至他们可以做得更好，因为他们也是银行业做主导的，这些业务他们很熟。

再一个很重要的，也是对于法国来说很不容易的事，在非洲投资，而且他们的非洲投资还不是说作用法非关系，而是中法非关系。这不是一个跟中国合作开的会，这是纯粹面对欧盟的会，其中关于中国的议题有两项，尤其在非洲这里。对于法国来说，他们的如意算盘是我们现在在非洲做投资，而法国和非洲在传统上有很密切的关系，所以他们觉得这是一个很重要的诱饵，可以吸引中国跟法国合作。包括在非洲进行人民币的国际化，他们认为你绕不开法国，他们可以给你提供便利。

还有非常重要的一点是，法国人提出要学习中国经验，在金融方面提中国经验，这在之前是无法想象的。他们觉得遇到了一个问题，英国"脱欧"以后如何去处理伦敦和巴黎的关系，他们想要借鉴中国的上海和香港的这种体制安排。就是说我们可能还会在同一个欧洲，但是现在已经不属于一个共同体，像上海和香港，应该做什么样的分工和配合是合理的。他们不是作为一个笑话提的，真的是认真地说后面他们会专门过来跟中国这边，很有可能跟上海来谈相关的经验。所以从这一点也可以看得出来他们对中国的态度不是一般的向你示好，他们认为可以从中国得到不仅是资金上面，而且还有体制、经验上面的一些支持。

对上海国际金融中心建设的启示，像连平老师说的，这一块我也没有想好，这件事情到现在对我们的影响可能还需要消化。这一次跟他们开会讨论巴黎发展路径的时候，我考虑上海今后建设国际金融中心怎么办？

第一，这是一个很好的机遇，要抓住这个机遇，迅速发展合作，创新产品。

第二是在发展模式上的思考，这是我刚才讲的关于巴黎和伦敦不同的金融模式，中国存在的问题是总的体制上跟欧盟很像，我们是银行主导，而且我们一直强调金融服务于实体经济，甚至要把它们牢牢绑在一起。但是就像刚才我说的，这种模式和建立国际金融中心两者是有分歧的。假如想要建一个开放性的系统就必须要把"赌桌"支起来，让大家都进来玩，而不是仅仅自己完全考虑为实体经济服务。我们必须要有为实体经济服务的金融，还要有脱离实体经济为金融而存在的金融，这个会是一个很大的悖论，但是怎么掌握好这个度会是一个很大的问题，假如真正的强调只是服务于实体经济，金融本身是不可能真正发展起来的。

　　第三是合作伙伴的选择。像刚才连平老师提到的，我们以前很多金融机构实际上是借助于英国然后进入欧盟的，但是现在可能存在一个问题，需要两条腿走路，不仅要跟英国保持良好的关系，作为门户，而且我们本身需要在欧洲大陆包括在巴黎、法兰克福这些地区进行更多更深入的合作，可能跟不同的合作伙伴可以选择不同的合作内容。

　　第四，我觉得值得一提的是跟中国香港的关系，这个也是上海在发展国际金融中心过程中的一个难题。我在香港跟他们讨论，包括香港作为人民币离岸市场的地位跟大陆的关系，他们引以为豪的一点是香港和伦敦的密切关系，和英国的密切关系，这种密切关系不仅是经贸上的，而且是文化和体制上的。现在对于上海来说，香港本身在硬件上的优势并不多，但是有一点是上海无法超越的，就是香港采用英国的习惯法体系，包括支付清算系统，有专门的立法，他们觉得在这些方面会给投资者更多的信心和稳定性。但是这一次英国"脱欧"的事情对中国香港造成了很大的打击，是比较严重的挫折。香港可能在今后会更多地寻求和内地的合作，而且跟上海的分工可能也需要做更多重新的再平衡。这个也是我们在上海国际金融中心建设中需要考虑的一个问题。谢谢大家！

### 主持人 ／ 殷剑峰：

谢谢程炼，程炼做的这个东西很全。下面请邵宇。

### 邵宇：

各位同人早上好，刚才两位讲得蛮全的，我提一下自己的看法。我比连老师还要悲观，连老师说这个是全球化过程中的一个波折，我自己感觉全球化不光是停滞了，可能甚至是逆转了，也就是说我们经历的上一轮全球化的模式可能已经慢慢离我们远去了。我觉得英国"脱欧"是一个重要事件的标志，在 20 年前，1995 年英国也有一次类似的投票，愿意加入新欧盟占 68% 左右，20 年过去了，愿意留在欧盟的只有 48% 左右，也就是说 20 年时间有 20% 的人改变了他们的主意。他们是谁？为什么会这样做？因为公投的法律的形式，采用简单多数原则，意味着 50% 就可以通过，很有可能使社会完全割裂。回到刚才的问题，我们觉得很简单，20 年前的这些人年龄是 20~30 岁，那个时候他们拥抱全球化，愿意跟移民竞争，可以享受全球化更大的市场和更多的资源配置，但是 20 年后他们 40 岁、50 岁甚至更老，所以在这次公投里头可以看到提出要离开的人大部分是老人，他们现在没有竞争力，害怕跟欧盟承担更多的义务，看不到更多对他们有益的前景。

其实全球化并不都是成功或者说好的那面，也有负面的，负面很清楚，也就是全球化整个的利益不是均沾的，现在看起来这个利益分配越来越不公平。什么人得到收益？我觉得主要是这样几类人：第一，拥有技术的人，比如说科技新贵，BAT、谷歌这些；第二，拥有大量资本的人。技术也好资本也好有一个特点，可以比较快地在全球移动，特别是资本，一方面能够规避管制，另一方面能够做制度的套利。谁是受损的呢？一定是原来的所谓发达经济体的低技能或者是中等技能或者是没有大量资本的原住民，以前是二三十岁的中产的劳工，经过 20 年，随着更多人加入全球化的进程，包括中国受益的工人阶层这样的一些人，发达经济体的这些人选择了离开。

接下来会怎么样呢？我觉得这里不光牵涉全球化停滞的问题，国内的政策也是一样的。你会发现我们依赖所谓的理性的中产、一部分精英，但是在这个过程中会发现整个民主慢慢退化了。这帮所谓的精英第一感召不了民众，因为民众没法赞同，你说的那些好处我享受不到，我投了负面票；第二控制不了资本，因为一旦对资本做稍微严格一点的控制，这些资本会去更多的所谓的税收洼地或者是天堂；第三努力无济于事，不管是移民还是难民，还有全球化所带来的文明冲突，一样都解决不了。在这个过程中就不光是英国那样，美国也是一样的，为什么特朗普会崛起？中东为什么会出现这么多风险事件？可能从历史上看英国本来就不愿意跟欧洲大陆走得太近，这样走开也是历史的传承，但是我觉得没有那么简单。后续反应我自己是比较悲观的，看到投票的决定，我觉得苏格兰包括北爱尔兰，因为在 2014 年公投过一次，按照这个约定两年内不允许公投，到了 2016 年公投的窗口又被打开了。如果北爱尔兰或者苏格兰离开，英国基本上就像朝鲜和韩国一样，被横割了一刀，因为苏格兰占了 40% 的领土，这样的话英国就不复存在了。

同样刚才也提到了西班牙、荷兰、法国、意大利可能今年都会出现各种各样形式的公投，因为英国公投鼓舞了这些国家的人，为什么呢？因为只要 51% 的简单多数就能赢的话，谁不会去冒险尝试一下呢？所以这一点我觉得大家低估了，否则就不会出现当时的"脱欧"问题，因为绝大部分市场人士的判断是能以微弱优势留下来，结果大家看到了，当天黄金也好，美元也好，日元也好，所有能够避险的产品的价格都快速地上升，当然我承认有过度的反应，这已经是很明显的避险的模式了。

　　在这种情况下后续可能会出现非常多的"黑天鹅事件"。这对中国来说未必是件坏事，中国增加了对欧洲也好对英国也好的各自的要价空间。最近 G20 的贸易部长峰会大家看到了，虽然讨论中英自贸区不是其中的议程，但是英国人已经明显地抛出一些橄榄枝，因为你是来做接盘的，当然不光是点心，基本上所有打折的东西都会给你，英国需要中国的支持，这个很正常。所以这个时候反倒是中国左右逢源的时候，我比较同意索罗斯的观点，欧洲只有两个选择：要么核心国家更为紧密一体化，财政、货币、移民政策、贸易全面的一体化，特别是德法之间，如果做不到，一定是连锁反应持续地崩溃。我现在觉得持续崩溃的概率要高于紧密的一体化，因为紧密的一体化已经做过一次压力测试了，在希腊那个时候没有做成，大家都说要做财政联盟，最终折腾那么久，这件事情过了，大家还是不愿意做财政联盟，因为财政联盟是真正的分配的关系。现在谁最有道理退出欧盟，很简单，德国肯定是最有道理退出欧盟的，因为德国整个全球化的策略很简单，它跟中国一样，如果把中国的贸易盈余跟美国的赤字并在一块，这个世界就平衡了，同样把德国的贸易盈余跟南欧的赤字放在一块，欧元既不会升值，也不会贬值，所以德国唯一担心的是退出了之后，德国马克会像日元一样飙升。但是毕竟现在默克尔面临右翼的压力，现在民调显示她的支持率在快速下降，只要移民跟难民在德国再搞出点事情，我担心她可能很难再赢选举。如果在德国公投，即使采用简单多数原则也不一定能赢。这就意味着欧盟彻底解体，我判断现在这个概率是60%。

回到中国，中国的特点在哪里呢？这句话应不应该说，中国现在太快地靠近俄罗斯，因为这样会逼别人站队，当然因为这个时间节点很难选，大家都不觉得英国会彻底离开，所以我们选择跟俄罗斯紧密地站在一块，这样削减了我们合作的空间，如果没有这个我们可能在G20中会有更多的机会，至少有几件事情我们会做。中英、中欧、中日的货币互换的额度要迅速加大，但中美能不能突破我不知道，因为3月美联储、央行在杭州开研讨会的时候，我们很委婉地提到了中美货币互换，美国人就当没听到这件事情。同样，如果世界平稳或者是分化或者是平安无事，没有人跟你谈这件事情，不管是建人民币中心还是人民币国际化，不先达成中欧、中英、中日更大规模的货币互换，把自己强行塞到这样的一个未来的储值货币体系里头，获得的空间也是不大的。现在看起来G20的窗口在打开，我们觉得应该努力地去谈货币互换，其他东西不要谈了，因为其他东西可以交换的政治资本很少，要谈亚洲自贸区，不可能的，中英自贸区现在也谈不成，至少短期内是谈不成的，我觉得不要浪费火力跟弹药，就集中在一件事情上，为我们所谓的"西湖体系"埋下适宜早期的种子，只要谈这件事情就已经很好了。

因为大家都知道7月12日菲律宾南海仲裁案的实体问题裁决就要公布了，巴西奥运会估计会非常不达预期。美国不管是特朗普还是希拉里上台都意味着跟中国更大的摩擦，只不过有一些摩擦是可以谈的，有一些摩擦在地缘上没法谈。所以，我们必须承担所谓的全球化倒退甚至是失败的这样一种结果。因为我们包括跟现在很多海外的研究人员交流，觉得现在就很像一战之前，我们不觉得今天一定比明天好，或明天要比现在好，我们觉得是一个循环。相对来说我现在比较悲观一点。这是我的观点，谢谢！

## 主持人 / 殷剑峰：

下面我们就进入互动讨论环节。

### 马强：

我汇报三点，我是学习，我用三个词语，这三个词语不知道是不是有点跳。第一，现在我们可能有一个精英思维的反动。第二，全球化的反动。第三，我们现在的大国责任的反动。我用这三个词把我想的做一个汇报。

我们在座的大多数人都相信现在治理国家政治经济学是越来越重要了，治理国家不管是宏观政治经济学还是国际政治经济学，概念我们都很熟悉，但是我们同时也会有困惑。

第一个问题是现在的政治经济学一贯的思维都是属于线性的，至少当初是这么学的，从原始社会一直到共产主义社会。这几十年在思考国家战略问题的时候，发现好多问题其实是离散非线性的。我们在用政治经济学思维的时候一贯认为是精英思维，中法之间有共同的精英思维。现在我们在讨论英国"脱欧"的时候面临一个问题，现在网上也在说，习主席在强调中国特色社会主义政治经济学，以及中国特色的哲学社会科学。我们今天在座的都是专家，在大学里面跟研究生互动的时候这个情况肯定最有意思，我们会感觉到我们过去学的理论体系、哲学体系是不是变化的。这些看似很虚的东西，实际上它是我们的事实，现在发现在信息化条件下面，我们的技术如此发达，我们的思想如此敏锐，我们的人才如此之多，但是发现我们回到了当初很尴尬的境地。现在国家政治经济学体系的出发点到底是什么？这是第一点。

第二，当初跟老师学的时候，跟领导学的时候，跟大学者学的时候，我们在思考一个问题，"脱欧"实际上包含多边关系和双边关系，还有全球化责任。在思考这些问题的时候，我们一直认为就像政治经济学的线性思维一样，全球化也是我们的一个理想和目标。现在发现它不是理想和目标，从经济政策思维角度看，要实事求是而不是按照过去比较激进地处理重大问题的这样一种懒惰的方式。直接地说可能现在处理多边交流或双边交流的时候，我们对全球化和发展中国家的大国责任，还是要有一个很好的认识，另外还得要有一个动态的对策体系，否则到时候自己会迷惑。我们本来以为它是世界化、全球化的方式，需要在处理多边关系、双边关系上努力。总体来说战略很重要，还是要在战术、策略方面多研究一些，因为在局部意义上来讲战略、策略，可能我们对国际贸易、国际经济特别是国际金融这个层面关系的处理，还是要多用一下压力测试的思维模式。

第三，前面连老师也讲到了，其实这几年我们都是从发展中大国的角度来思考问题，英国"脱欧"给发展中大国全球化责任的分担意识实际上带来了一种压力。简单说区域一体化的权重同全球化责任的权重到底是四六开、三七开、二八开，我们要有一个明确的想法。我就汇报这些，我主要是提出一些想法。

## 左学金：

对国际金融我是外行，今天三位做了主旨演讲，还是有很多的启发，我从经济学的角度而不是单纯的金融的角度谈一点想法。

第一，全球现在多元化的经济格局，英国"脱欧"使欧盟在这个格局当中的重要性下降。这是我个人的一个看法。实际上我有好几年担任意大利一家银行的顾问，它搞了一个国际顾问委员会，意大利总领事馆推荐我去做这里的成员，这里很多是国外退休的政要，包括波兰的前总统、德国的前副总理。顾问委员的主席是意大利前总理，他有一次在会上说，我们为什么要有欧盟，首先不是经济考虑，是战略考虑，因为面对美国、中国那样体量的国家，欧洲国家在国际格局当中没法竞争，只有欧洲国家联合起来才能形成和美国、中国这样的经济体有谈判能力的实体。刚刚大家也谈了英国"脱欧"以后可能会对其他欧盟国家产生连锁反应，实际上欧盟国家内部南欧、北欧之间包括德国，它们对欧盟的态度不是完全一致的，还是有分歧的。如果引起连锁反应，会使欧盟在英国"脱欧"后进一步削弱，这个格局对全球的政治经济格局有很大的影响，某种意义上会更加突出中国和美国在世界格局当中的重要性，欧盟作为一个"演员"它的作用在下降。

第二，英国"脱欧"对经济和金融的影响。刚才程炼说，现在看大家做了一些判断，感觉这些判断方向都是合理的，但是确实需要进一步的信息来做更细致的判断，因为现在很多事态的发展实际上很难在缺少信息的情况下做充分的预料。这是目前我们能做的事情，只能做一些方向性的判断，今后可能需要进一步细化。

第三，中国应对英国"脱欧"以后全球经济金融不稳定的对策。我们的对策还是要深化国家内部金融体制的改革和开放，但现在的进展我作为门外汉感觉不是太理想。实际上国际金融资源的错配非常严重，错配到什么程度？我最近到新疆喀什，山东省在新疆喀什的一个县建了一个规模巨大的钢厂，钢厂建成之日就是它停产之时，因为我们国家钢铁产能过剩，而且新疆严重缺水，1吨钢6吨水，错配到什么程度。这里可能有国家战略，但国家战略也不能浪费钱，喀什建了大量的房地产，现在卖到 2000~3000 元 / 平方米，都是空的，没人买。首先这是资源的错配，因为房地产都是地方政府融资平台在做，民间企业我们也是大量地补贴它做。我们国家现在的经济房地产和实业，大家都去做房地产，好像不去做实业，这个好像是大家的道德问题，但是这首先不是道德问题，如果房地产可以赚很多钱，如果金融可以赚很多钱，谁去做实业呢？做实业不赚钱，道理很简单。我们确实要深化改革。在国际上我们如何进一步融入全球的经济体系？如何进一步参与到国际金融经济体系当中？我感觉这个非常重要。但是这个确实和国内的一些改革是相关的，很多东西原来是开放促改革，但是现在的关系是不改革就很难开放，两者是相互牵制的。

第四，中美关系在国际政治经济格局当中的重要性增加了，我们还是要坚持和平发展，当然国际问题我也没有太多发言权，但是我总的感觉是在解决国际争端上还不能离开和平发展这样的一个战略。不管是南海问题还是钓鱼岛问题，要用战略来指导我们的外交军事行动，不是相会。很多人认为美国就是处心积虑地要把你搞垮，但是我认为大国关系实际上是互动的关系，从来不是简单的一个单向的关系。1972年以前美国是中国的头号敌人，但是在1972年以后中美外交发展，整个世界格局就发生变化了，改革开放以后我们所取得的成就和世界格局的变化是密切相关的。打仗是最后的手段，不应该优先考虑。这个也是影响全球经济格局的一个非常重要的战略。这是我个人的一些想法，我完全是个外行，说得不对请大家批评。谢谢！

## 费方域：

我今天很诚心来参加这个会议，我觉得这个题目蛮好的，听了之后也很有启发，结果出来了，这里有两个问题。一个问题是，这个结果就是这么定局了，还是说最后要通过？这是一个问题。有一种说法是这个只不过是一个咨询性质的投票，不是真正决定了，决定这个问题自然是要经过议会的通过，我不知道是什么原因。

第二个问题是，这个是不是最佳的？如果这个结果并不是最佳的，从社会福利来说不是最佳的一个决策，这个里面问题出在哪？整个政治体系导致的结果并不是一个好的结果，这个问题出在哪里？我刚刚听你讲的这个问题是蛮有意思的。连平刚才讲的时候提到了一个问题，长远来看你是觉得不好，肯定是从很多道理上来分析了，但是直觉上好像是一个强大的对手，一下子出问题了。也可以这样说，既然英国人选择这个东西，是不是因为他们最知道利益所在。但是从长远来说，这个确实对将来我们的人民币国际化更有利。好像程炼说的，有了这个事情以后巴结我们的人、跟我们伸手的人更多了，更热情了，这是不是机会更多了呢？直觉上感觉这个事情长远来说是一个比较重大的战略机会。

程炼刚才讲到的是到了法国的一些体验，但是法国的愿望和他们真正达到像伦敦这样的金融中心之间的距离可能是相当大的。比如说外语问题，不考虑这些问题，即使金融发展已经成为国策，没有 5 年、10 年也根本做不到。所以从这个意义上来说，这个事情还是值得再关注再看。尤其是这里面孤立的东西还是体现出了一些带有趋势性或者更深刻的东西，我们现在还没有观测到或者是没有重视。

**储敏伟：**

抱歉，今天来晚了，其实很想来听一听，特别是连平老师的一些非常重要的信息和很好的观点，今天错过了，非常抱歉。关于这个问题，我觉得非常的重要，我确实也很感兴趣，因为自己在这方面没有很好地研究，想趁此机

　英国"脱欧"：经济和金融影响

会很好地来学习，听听各位专家的一些高见。刚才几位讲到了相关的各种影响、各种看法，我觉得对这个问题的研究、判断确实要从不同的角度来看。

第一，要看到核心问题是经济和金融问题，但是确实不光是经济问题、金融问题，也是一个政治问题，更涉及今天我们议题里面提到的全球化的进程，所以要从不同的角度、多个方面、不同的范围、不同的主体进行研究和判断，这是一个想法。

第二，重大事件的发生特别是这一次在相当程度上不只是对英国民众，可能对全世界的其他群体来讲都有些出乎意料，原来的大趋势的判断是留欧胜出的，结果却是相反的。所以这种事件带有一些超出原来预期的影响，我觉得有两种情况的影响。一种就是短期性的恐慌。这种恐慌可能各位都知道有些是非理性的，可能经过一段时间会修复或者会出现一些反弹的情况。这种短期性的恐慌，我觉得倒不应该是我们研究的重点，因为这些现象比较直截了当，都已经直观地显示出来了。更重要的是刚才专家也提到的要看趋势性，看有些比较理性的反响和影响。这个涉及欧洲一体化的发展进程和方向的变化，从欧盟的政治体制上看到它的趋势性的影响，就是带有一些趋势性的理性的影响，这种负面的东西可能更要引起我们的注意，但是对这个方面的判断可能在短时间内是有些困难。所以我的想法还是要进一步进行深入的分析。

第三，根据上面所说的关于我们国家的应对恐怕也不能太仓促，对这个事件的影响特别是正面的、负面的影响还没有完全清楚的情况下，我们仓促地提出应对可能不一定有针对性。对中国的影响，现在一开始出现的就是媒体上比较直截了当地讲人民币汇率的变化，英镑的贬值，对老百姓的消费也不是什么好处。这方面是比较简单的一些判断，我觉得可能要从全国的角度、从专业的角度进行深入的分析。因为这方面我也不太熟悉，比较外行，所以也说不出什么，抱歉。

### 黄群慧：

因为对金融我们确实都是外行，特别是国际金融，今天听了三位的演讲感觉收获很大。因为没有太多的思考，只是谈三点想法。

第一点，连平研究员提到关于长期、短期我觉得确实有这方面的影响，因为现在看来短期内只是一个心理因素的成分要远远大于实质因素的成分，包括金融市场的一些变化等都是短期内的心理因素。但长期来说肯定会有实质的影响，像程炼说的；现在很多信息不对称，加上这个事件还在演进中，可能像发大水似的，心理上突然有个决口的感觉，但实际上这个事件是一个慢慢的过程，真正实质发酵要有一个过程，公投完以后有一系列的工作，甚至真正的谈判，有人甚至说有 10 年的时间。我觉得实质的影响是长期的，长期对我们的影响现在不急于下结论。应该说今天我们谈的主题很有意义，应该是一个长期研究的主题，这个研究可能需要锲而不舍地长期研究下去，这样我们才有一个相应的应对。

第二点，关于全球化这一块值得深入研究。因为我们现在正在研究新工业革命，包括"新经济"现在提得很多，其实美国在 20 世纪的时候，90 年代末，美的经济风行新经济，当时是信息技术和全球化两大因素推动产生了新经济，增长也比较好，高增长，低通胀，就业率也比较高，甚至财政赤字率也比较低，是一个很美好的年代。但是到了 2000 年下半年最后这个泡沫还是破灭了，新经济两大因素，一个是信息技术，一个是全球化，一般是公认的。如果全球化按照邵研究员分析的情况越来越不乐观，现在信息技术这一块发展比较快，而且对新经济的推动因素是越来越大的，这一块包括李克强总理现在因为经济下行压力比较大，非常希望在新经济这一块信息技术有突破，给我们带来一些新的说法，甚至统计等各方面工作都想把它包括进去。

这个我受一点启发，如果全球化的动力有所减弱是不是现在对未来新经济的发展也会有一些影响，因为包括资本流动、市场都受到了影响，可能依靠新经济会有一点问题。但是，我们现在谈经济是比较合理的，当时之所以泡沫，其实我们一直有一个观点，现在是研究制造业的，不像程炼他们说搞金融的，应该是金融本身和世界经济结合的，为什么只是服务于实体经济？是不是自己可以发展？我们认为当时其中有一个原因是新经济泡沫破灭，一个主要的原因是当时的信息技术仅仅停留在科技范围上，其实没有推到产业革命，尤其是未和制造业深度融合。另一个是对金融的追逐比较厉害，还有互联网等等，两个原因。现在提新经济比较合理，它确实已经和制造业深度融合了，因为它不仅仅是信息技术，包括像智能制造前景都很明确，路径也很明确了。所以在这种情况下，如果说全球化是一个负面影响的话，可能这种影响还是正面的，单纯靠技术来推动新经济也许还是能够有一个比较好的前景。这里涉及金融方面和它的一个配合问题，刚才左院长提到的，现在的实体经济你要不去做，可能这里头情况也不一样，这个我没有研究过，我只是在想，也许作为一个金融中心的时候可能对实体经济没有考虑那么多，范围可能不太一样，市场分工可能不太一样。

第三点，刚才法国这边有一个态度，我们不太知道德国方面，因为他们虽然离金融中心远一点，但是现在也在考虑一些问题，受到一些挑战以后，德国方面有什么样的新动作？我觉得和新经济这块是相关的，都是问题，没有什么结论。如果程炼有什么信息的话，可以介绍一下德国对这个问题的反应。

## 张旭红：

今天比较高兴，在这里听到了很多专家的想法。因为我是在银行工作，可能工作当中角度比较微观，考虑这么大的一个问题，其实自英国6月23日公投以来，有的时候也会思考一下，谈两个想法。

第一，从经济学的理论来讲，英国的这一次公投是不是可以说类似劣币驱逐良币？如果是这样的一种想法，我个人感觉把欧盟和欧元这两个事情联合起来考虑，这次英国是脱离欧盟，这当中肯定有很多名义上对于一些工作机会各方面的一个考虑。当初建欧盟的时候是要建立一个强大的欧洲的联盟，可能考虑到的先是统一货币，逐步考虑统一财政。但是从英国这次"脱欧"来讲，对欧元区统一财政进程的推进，包括后续采取的一些方法肯定会有比较大的影响，如何在考虑不同的财政体系、主权体系下，区域经济一体化过程中各区域内的不同国家的一个利益。这个肯定后续会有一些不一样的变化。

第二，从英国内部来讲，其实大家一开始的时候都会认为有比较弱的多数会赞同留在欧盟，但是选择的结果，也正因为是一种简单多数的公投，大批社会底层的人员看到的更多的是眼前的利益和对未来就业的影响。但是在精英治国的这样一种体系下，为什么现在的精英无法去影响民众？这个也是很值得思考的，我也在想以后在我们这么大的一个国家的治理当中，怎么来考虑这些问题。

英国"脱欧"之后其实只是一个方向是这样的，但是后续的操作、谈判至少要很多年的时间，不确定性是比较大的，可能后续的谈判更多需要一些精英、专家去谈，这当中可能会有一些妥协。虽然是"脱欧"了，但是从后续谈判的技术性的操作来讲，英国可能还是会考虑如何在原来的欧盟体制下保留一些对它有利的方面，所以这个过程中我们对政治上的影响要考虑多一点。

## 邵宇：

这个东西确实是牵涉公投的法律地位，理论上他们有一个程序，如果有超过 10 万人联署请愿的话，要重新考虑这个问题，议会可以决定是不是要再投一次。这个问题是简单多数最麻烦的事情。第二次投的结果是留下来了，因为简单多数，那边又接着请愿，肯定有一个最终裁决。如果让议会来最终裁决这件事情就等于没有公投，因为议会的立场是精英的立场，他们肯定是留。究竟是简单民主还是两院制来决定，公投的法律地位没法确认。很多人说投了就投了，包括现在卡梅伦已经下台，政府要改组了，这个法律效应已经开始出来了。

我们现在的信息传播技术确实很容易引发预想不到的结果，本来在民调的时候基本上是留欧派领先的，大家发现沉默的大多数或理论上不投票的人大多是愿意保持现状的人，而投票的人全部是投的"脱欧"票，你完全控制不住了，可能就是因为一个突发的新闻改变了最终的简单多数的结果。

往后延伸一点很简单，在这个过程中全球化带来的后果，第一是低端需求不同，产能过剩导致民粹的泛滥和崛起。比如说特朗普，他说的话在政治上很难说是正确的，但他得到了拥戴，我个人感觉他赢的概率还是蛮大的。大家现在说希拉里的邮件门事件，这个是一招毙敌的，如果到时候再被翻出来，她肯定输掉了。另一个方面是资本过剩，流动性过剩，负利率和所谓的资产荒及相应的金融市场的连续不断的调节，因为快速移动的资本都是去利润最高、阻碍最小的地方，所以肯定把一个个市场反复引爆。资本是没有祖国的，弄两个案件就去了，一避险的时候也很快就跑掉了，一定是资产荒、负利率和不断的金融危机。

最后，我想广义地回应一下，人民币汇率怎么办？我觉得人民币应该要大贬，同时宣布很严格的资本管制。这是个非常好的窗口，因为英镑对美元现在贬了接近 15%，现在不贬值还什么时候贬，别人都贬到位了，趁着这个窗口我们赶紧把它贬掉。而且实际上汇率现在是在 G20 里头讨价还价的关键筹码，这次为什么贬了这么多？为什么美国人没有打电话来？因为美国人电话都打给英国人了，没时间管你们。

## 连平：

第一点说到法律地位会不会搞公投的事，观点我跟邵宇基本一样。补充一点，其实公投是议会决定的，这个事议会不方便决定就交给公投，交给公投也就是说这个事情是你决定了。最后说有多少人联署可以再提公投，但是因为公投已经有了一个结果，再针对这个搞一次公投就没有意义了。所以后来很明确不再搞第二次公投，而且卡梅伦已经辞职，从英国政府来说已经承认了这个结果。而且欧盟反应也很明确，赶快来谈，就是说这个结果我们都承认，再反不大可能。

至于说对全球的影响，说实在的我一开始就说没想好，很难说到底怎么样。但是除了刚才讲的以外还有一个想法，即由于这件事情在未来至少两年中还要谈，刚才讲到的不确定性对欧盟是持续有压力的。欧盟是中国十分重要的贸易伙伴，是长期以来我们的第一大出口市场，欧盟不稳定，金融机构的风险偏好下降，市场的风险上升，这段时间总体对我们是不利的方面比较多一点。

## 费方域：

这里面有个很有意思的问题，在这个过程中间俄罗斯表过一次态，英国"脱欧"的事情和其有关系。实际上英国"脱欧"至少从政治上和经济上来看对俄罗斯是有利的，它有潜在的好处。从国家关系来说，对俄罗斯有益，同样对我们也是有利的，你刚才说的我同意。

## 连平：

你说的这点有道理，但是俄罗斯跟我们现在所处的对欧洲关系、格局和地位不同，俄罗斯因为受到压力，它愿意看到这样的结果，我们在某种意义上更愿意看到经济上运行比较平稳的欧盟，对我们来说经济、贸易好处都比较多。

## 程炼：

我补充一下欧盟其他国家的一些态度，因为刚才集中讲金融这一块，这个事情也没有涉及太多，有一个很微妙的东西是欧盟和欧盟国家是不一样的，一般讨论这个问题是集中于欧盟国家，德国怎么样，法国怎么样。但是治理体制里头，欧盟单独有一个行政机构，打个不太恰当的比方，如同党和国务院之间的关系，党是由默克尔等重要人物聚起来商议一些事，但是国务院是整个行政机构。这次英国"脱欧"反应最强烈，同时内心也最高兴的是欧盟的行政机构。因为他们是英国长期最主要的对手，英国一直指责他们的行政效率低，浪费纳税人的钱，给英国很大的掣肘，所以他们对英国确实是烦得不行的，巴不得英国赶快走，这走了以后非常高兴，所以他们也是最积极地敦促英国提交申请，甚至不用提交申请，我们就替你把这个事办了，这个是欧盟行政机构的态度。

但是几个主要的大国不一样，法国是介于这个中间，法国一直是充当欧盟的政治领袖，英国对它有很强的牵制态度。其实前面提到过包括欧元的出现很多欧洲经济学家都分析过不是出于真正的经济原因，而是政治原因，纯粹的经济原因是不足以支撑欧元是利大于弊的，更主要的是为了体现一个团结的欧洲。所以这也是法国在这个过程当中非常积极的一个原因，英国离开了以后法国相对来说政治地位更加突出了，相对来说也不觉得英国跟它的竞争更大一些。另一方面，在欧盟对外的公投上经常是德国显得更为重要，所以英国退出以后，其实内心有点小失望，但是也还是挺高兴的，去掉欧盟内的一个很重要的竞争对手、掣肘对手。

但是对德国来说情况就麻烦一点，德国很务实，现在欧盟经济基本上就靠德国来撑着，他们开玩笑说希腊人在度假，法国人在罢工，只有德国人在工作。所以现在英国人一走，首先是会费德国一下子要增加 30%。再一个欧盟经济体一出问题，德国的负担更重。同时从政治角度来说英国是牵制法国的一个很重要的因素，德国由于二战有原罪，因此尽管它一直强调统一的欧洲，但很多时候说话不硬气，只能靠法国出来给它站台，但是这样一来必然被法国抢了风头，所以还是希望有英国真的能够牵制一下法国，但是现在英国一离开，在经济上、政治上对德国来说都是很大的损失。这也是为什么默克尔前面态度一直很暧昧，一直到后面卡梅伦又强调说是因为搞的移民政策使得我们"脱欧"，终于把她惹火了，她才说你要走赶快走我们不让步，其实在这之前她都是还在想能不能再挽回一下，能不能再跟他们谈一谈，把这个事情和解。

所以牵涉金融中心的问题也是类似的，法国其实调子唱得很高，一方面认为我就是欧洲的品牌，欧洲一体化我就是要占主导，同样的在金融方面我也要占主导。一旦伦敦掉了，巴黎肯定得站出来，无论从历史名城的地位上、文化上都应该占主导。

德国相对来说更务实一些。其实我们一般的印象当中觉得欧洲政治中心法兰克福比巴黎要强得多，但是这个里头也其实跟伦敦有个分工。打个不是很恰当的比方，跟中国比就是金融街和陆家嘴的关系，金融街能够成为金融中心不是靠市场，而是监管机构在那，法兰克福其实也是，因为银行主导体制，法兰克福的市场相对于伦敦来说也是相对封闭，但是大家关注你，因为监管机构和欧央行都在那个地方，所以我们要关注你。对于德国来说其实在这方面就和法国不一样，德国心里头更落实一些，不像巴黎没有依靠，现在是两头空，只要欧盟不倒，欧央行在这，法兰克福就没有太大的问题。

再一方面，德国对这个事情现在未来的前景还不是看得很透，所以也不好太急着高调地唱点什么，到时候把英国给惹恼了又会很麻烦，所以相对于巴黎来说又更低调一些。当然这跟民族性也有关系，你会看到唱得很高，但是最后不干什么事的都是法国人。所以这也对应着费老师的那个问题，说巴黎真的建金融中心有多大前景，其实大家不是很看好，但是既然现在伸出橄榄枝，我们当然也要友好地想，但是说实话包括针对中国的那些建议，我们也不太觉得它今后真的能够落实到什么地步。

金融和实体经济的关系，其实这个我以前一直没想到好的说法怎么来解释这个事情，包括像巴黎的体制和伦敦的体制，我现在想到可能也是不太恰当的一个比喻，类似于科学和技术的关系。科学研究最后是要服务于实际的技术，要变成生产力的，但这不意味着做每一项科学研究都必须要用实体经济做基础、做依托，有做纯数学的，可能没有任何现实对应，但是它很重要。现在办金融中心都离不开科学院，不能说在开科学院的时候要求做那么一项研究就立刻告诉我现在有什么用，对应着哪一项技术。现在我们的观念里头就是觉得做金融的时候，每一项金融都要对应着实体经济，但那个不是的。很多时候我们需要的就类似于学术研究这种工作，要有一个金融市场，有这个平台在，大家能做一些金融创新的产品，可能做的时候也不太清楚它到底有什么用，但最后大家会发现它的作用，把它慢慢扩展。所以我觉得这个就是伦敦体制的优越性，也是我们上海建金融中心需要注意的问题。

## 主持人 ／ 殷剑峰：

今天的讨论应该是收获很大，"脱欧"发生了这么长的时间，也看了很多的评论，但是今天的讨论我觉得收获非常大，其中的观点也不尽相同，有一点是确定的，就是未来有很大的不确定性，所以我们还是在务虚地讨论。金融办给我们布置了一个课题，"脱欧"对中国的影响和对上海国际金融中心建设的启示，我们后面还会继续探讨，非常感谢大家！今天上午的会议就到此结束，谢谢大家！

# 商业银行不良贷款
## 现状、趋势与风险管理

北京，2016 年 7 月 23 日

2016 年 7 月 23 日，国家金融与发展实验室在京举办"智库讲坛"2016 年第六期，会议主题为"商业银行不良贷款：现状、趋势与风险管理"。本次讲坛由国家金融与发展实验室银行研究中心主办，聚焦于我国商业银行不良资产及其处置问题，并就不良率、不良贷款的结构、隐含的风险、不良贷款的发展趋势及处理不良资产的原则等问题进行了细致的讨论。与会专家指出，自 2013 年以来，我国商业银行不良贷款余额和不良贷款率继续"双升"，但风险尚可控。处置不良资产应当审慎推进债转股工作并遵循和国有企业改革相结合、国企和民企同等对待、采取法治手段、市场化原则及与国际规则相适应五项原则，最后还需要配套调整若干现行体制机制。

**主要出席嘉宾：**

李　扬　中国社会科学院学部委员、国家金融与发展实验室理事长

曾　刚　国家金融与发展实验室银行研究中心主任

樊志刚　中国工商银行城市金融研究所副所长

王　剑　国泰君安证券银行业首席分析师

巴劲松　国家金融与发展实验室银行研究中心特邀高级研究员

王　毅　中国人民银行调查统计司副司长

王　刚　国务院发展研究中心金融所银行室副主任

胡建忠　中国长城资产管理公司副总裁

黄剑辉　民生银行研究院院长

邵长毅　世界银行高级金融专家

董希淼　恒丰银行研究院执行院长

唐岫立　温州银行前副行长

施华强　中国农业银行河北省分行副行长

李　麟　上海浦东发展银行战略发展部总经理

## 主持人 ／ 李扬：

欢迎各位来到国家金融与发展实验室参加这个研讨会。在座的很多是老朋友，但大部分则是第一次来这个地方。无论新老朋友，欢迎大家一如既往地同我们合作。

今天我们的会议主题是"商业银行不良贷款：现状、趋势与风险管理"。它的重要性不用多说。好几年以来，中国的债务问题引起了全世界的广泛关注，最近这几年，国外唱空中国经济的主要理由之一，就是债务问题日益突出。这个问题在今年更加凸显，大概今年 4 月的时候，国际评级机构对中国的评级，有的是降了级，有的是降级加负面，原因也都源自债务。

对于我们这种拥有间接融资为主的金融结构的经济体来说，债务可能始终是一个问题。因为，经济发展需要动员和配置资金，而通过间接融资体系来媒介储蓄、投资，融资中的相当部分要形成筹资者的债务，这是与生俱来的。如果经济成长的速度比较快，债务问题会不那么突出。这是因为，我们是以 GDP 作为分母来算杠杆率的，当分母 GDP 非常快速扩张的时候，我们当然就不怕债务的增加。但是，只要经济增长速度有所回落，债务问题就立刻凸显。关于这个问题，我最近一直也在基于我们的国家资产负债表的框架做些研究。前两天，我在《经济日报》上发表了一篇 3000 多字的文章。对于此类问题，我是在不断地说，同时也在不断地修正，不断地进行精细化。《经济日报》的这篇应当说反映的是我最新的一些成果，最新的看法，特别是关于债务可持续性的一些探讨，过去没有分析过。

我觉得，中国的债务问题肯定不像国外研究者渲染的那样，马上就会让我们遭遇灭顶之灾，远不至于达到这个程度。在那篇文章中，我列举了几个方面的体制性原因。

首先，对于以间接融资为主的金融体系而言，最令我们担心的还是流动性风险，而不可清偿的风险相对来说危害性要小一些，间接一些。由于间接融资为主，大家的储蓄没有其他去处，所以，总还是有源源不断的资金进入各类金融机构，资产负债表得以维系，因此，金融机构的流动性问题还不会一下子凸显。尤其是，中国央行和其他国家央行相比，现在显然还有较大的腾挪空间。虽然我们实际上也一直在进行量宽操作，但比起很多国家来说，我们还是不那么"宽"，从而还是留下来较大的操作空间。不久前，我们分析了我国央行的资产负债表占 GDP 的比重，看到的事实是，这几年，该比重已经在下降，不像美国和欧洲等，仍然还在上升。这就是我们这轮市场改革和宏观调控的空间。

其次，实体经济的状况。以上我们是在金融层面上讨论问题，但是，真正制约金融活动，特别是决定其对经济产生影响的，还是实体经济的状况。大家知道，宏观上，决定实体经济平衡状况的主要变量就是储蓄与投资的关系。具体说到债务，讨论是否会出现危机，说到底还是要看储蓄能否充分地支持投资。中国是一个储蓄率非常高的国家，去年已经有所下降，但仍保持在 47% 的高水平，前几年一直是50% 多。从定义上说，所谓储蓄，就是国民收入中未消费部分。大家挣了钱，只消费一半，然后另一半都储蓄了。在中国，因为储蓄只有非常窄的运用渠道，多数只能放在银行里，形成银行资金来源，这就为其资产调整提供了一个非常大的缓冲器。当然，中国储蓄的使用中存在浪费及低效率的问题，有很多体制、机制的原因，长期来说都需要解决，但短时间还不会形成危机。

中国的问题是另一类的问题，我们现在最怕的问题是处置不良资产的过程可能会导致旧体制复归。比如说，在处理不良资产的过程中，债转股等会使旧体制中的非常恶劣的经营思想得以死灰复燃，会使几十年国企改革的成果毁于一旦。最近，我在很多场合都说过类似的话，很怕因处置不良资产而回到了改革开放的初期。我们非常遗憾地看到，目前，国企的问题还是那些老问题。所以，关于处置不良资产、降杠杆问题，我提了五项原则。

第一，要和国企改革密切结合。处置不良债务、降杠杆一定要同时推进企业改革，推动那些杠杆率高、不良债务多的企业进行彻底改革。如果处置不良资产不能产生推进企业改革的结果，换不回来一个新的体制、机制，其后果是灾难性的，

第二，国企和民企要同等对待。有人说，处置不良资产目标的对象都是国企。中国发展到今天，民企的资产占全国企业的 70% 多，就业占比更多，民企已经是国民经济的主要支柱了。到今天还有所有制的歧视，这应该是不能容忍的。所以在处置不良资产的过程中，像债转股这样有好处的事情，一定不能有所有制的歧视。

第三，一定要在法治的框架下展开，做到于法有据。到今天还靠一纸文件、一个电话、一个指示来推行这么大的事情，其实是一个体制、机制的问题，是不能容忍的，必须改变，必须有法律根据。十八届四中全会 ① 关于依法治国问题，相比过去，有一个很大的推进。有很多问题是没有现成的法，但是必须走法律程序，也就是我们的立法机关——全国人大授权某些行政部门可以执行或者不执行某些现行法律，可以进行探讨。我们所有的改革探讨，必须是由立法机关授权的。很多研究者不太注意，其实这是四中全会跟以前相比最大的变化，就是所有的事情必须是于法有据的。像我们这一代人有句口头禅，改革就是违法，就是因为体制、机制不合理，才改它的。确实，在实际执行

---

① 以下简称"四中全会"。

中，这种状况很突出。但人们普遍忧虑，如此下去，我们什么时候才会有法治社会？在我们这里，改革可能成为公然违法的口实，这是不行的。所以四中全会最主要的推进就是所有事情要于法有据，要经过立法机构的授权。第一个案例就是自贸区，在自贸区推进的时候，全国人大常委会宣布有两个法在那里暂时不实施，特别是涉及外资的。这是我们之前在推进改革时，从来没有做过的事情。总之，下一步在推进不良资产处置时，必须遵循法律，不能倒退。

第四，市场化的原则。到今天了，如果不遵循市场化的原则，靠开个会就大规模行动，那是不可行的，尤其是现在，涉及的无论是债权方还是债务方，很多是上市公司。如果不按市场规则办事，我们将近四十年改革开放的成果就会付诸东流。这个不是耸人听闻，在中国，一下子回到解放前是很容易的，最近这几年有些事情不用多说，倒退非常容易，旧体制的这种力量还是非常强的。

第五，要和我们建设开放型国家的方向一致。十八届三中全会有很多亮点，提出建设开放型经济体就是其中之一。多年来，我们的改革方向从简单的开放到建成开放型经济体，其间经历了若干个很大的跳跃。简单地说开放，就是我们完全根据自己的需要，根据自己政策的立场，按照国内的法律、法规来控制阀门，开不开，开多少，自己控制。建设开放型经济体，就是要按照国际规则全面重塑我们的体制机制，当然，我们要尽我们所能去塑造这个规则。但是，不管怎么说，是国际规则，我们是和国际规则相一致的。不像过去那样，开了以后如果不行就关，这种事如果建成开放型国家是不允许的。我们知道，这一轮，中国要大规模处置不良资产及大量的企业。很多外国投资者非常关注，他们的这种关注，不是看笑话，而是在做生意。很多东西在中国人手里可能不值钱，但如果在全球范围内进行整合的话，可能就很有价值。也就是说，参与中国不良资产处置的投资者，很多是外国投资者，他们也在看我们的一些举措。如果是以建设开放型国家为目标来进行这一轮不良资产处置的话，那么，履行国际规则，依据法治化、市场化原则来行事，就是不言自明的，透明度、公平、公正的交易等，也应该是毫无问题的。

如果能遵循这些原则来处置的话，这一轮处理不良资产就会成为中国经济迈向新台阶的一个很重要的阶段。我们坚持了将近四十年改革开放的成果，包括法治、市场化、全球化，同时，我们也在这个过程中，把过去近四十年积累下的很多无效率的企业、事业、市场等进行了处置。如此，未来中国的发展会有很大的希望。因此，我觉得对这个事情要非常的关注。当然，我说的不良资产是一个比较宽的口径，因为这一轮的不良资产跟上世纪末的相比，在范围上已大大扩展了。在上个世纪末，中国的不良资产所谓 NPL 基本在银行，这一轮除了 NPL 以外，还有债券市场上的违约债券，对于这个问题，我们曾在这个会议室中讨论过。除此之外，还有一个大黑洞，就是影子银行。

对于市场上的债券违约问题，我看资料显示今年 30 多个企业涉及违约，大概 300 亿元，虽然数字不是很大，但是它对市场的震动很大。还有现在我们都不敢碰的影子银行体系，例如 P2P，那里面不知道有多少事，水很深。因此，这一轮的事情应该更复杂。

所以，我们作为一个研究机构、一个国家智库，要不遗余力地呼吁遵循法治原则、市场化原则、国际化原则，把这件事做好。应当说，即便有再多的问题，我们与世界上的其他国家相比，仍然处在比较有利的地位上。设想，如今世界上，还有哪个国家能像我们这样，有如此宽广的调整空间呢？这种弹性、这种韧性是确确实实存在的，但是，千万不能浪费这手好牌。

今天的会议，是我们银行中心重组后的第一次会议。银行研究中心以前就有，一直在金融所下面工作，但时断时续，再加上众所周知的原因，近年来活动越来越少。现在，趁着建设国家级智库的东风，我们把关于银行问题的研究重整一下，我们参与的人员、目标、项目确认的方法，以及成果的形式和成果的推送办法等，和过去比都有一些较大的变化。我听曾刚说，今天来的都是我们银行研究中心的积极参与者，我代表实验室对大家表示热烈的欢迎，希望我们搭的平台有足够的吸引力，大家可以在上面施展才华。

我先说这么多，下面，我们的会议正式开始。首先请中国工商银行城市金融研究所副所长樊志刚。首先说明一下，今天是个闭门会，即便是闭门的，我们也会以适当的方式把我们的成果公之于世，供大家参考。既然是闭门的，就请大家畅所欲言。有请樊志刚。

## 樊志刚：

大家上午好，非常高兴参加这次座谈，谢谢李扬院长。刚才李院长讲的关于不良债务的问题，很受启发。这次讨论银行不良贷款的问题，我想围绕当前银行不良贷款的形式和出路，谈一点个人的看法。确实如李院长所说，一个问题引起方方面面的重视，而且近几年屡屡引起国内外市场的高度关注。早几年，包括惠誉等这些评级公司，已经盯上中国的不良贷款问题，曾经据说指出中国银行业的不良贷款会成为中国银行危机的导火索，也曾经预判2013年在中国会出现银行危机。我们工商银行的研究所，在2012年的时候，写过一篇很大的文章，发在《金融时报》上，驳斥惠誉的这样一种观点。已经几年过去了，尽管外界高度关注中国银行业不良贷款的问题，而且屡屡

发出惊人之言，但是中国银行业还在健康的发展。所以，这就成为需要关注和研究的问题。围着这个，我想简单从三个方面谈一点个人的看法。第一是怎么样，第二是怎么看，第三是怎么办。

关于中国银行业的不良资产，第一个是怎么样。

首先，从 2012 年、2013 年开始，整体趋势由双降变为双升。这确实是一个事实，当然有各种各样的原因，但是确确实实发生了这样一个变化。到目前 6 月末，根据银监会统计的材料，整个中国银行业不良贷款已超过 2 万亿元，不良率达到 1.81%，1.81% 跟过去比，还是有很大的提升。这是目前的一种现状。

其次，不良贷款结构性的特点是什么呢？第一点是从行业结构来讲，实际上整个中国银行业不良贷款的行业特点是很明显的，基本上集中在制造业和批发零售业这两个领域，实际上大家真正担忧的很多行业不良率不是特别高，比如说房地产、政府融资平台等，这些领域的不良率整体还是处于最低的。另外就是过剩产能的问题，实际上现在从我们所掌握的，包括工商银行自身的材料上看，过剩产能对不良贷款的影响还没有充分体现出来。最重要的过剩行业，比如钢铁，工商银行在钢铁行业的不良贷率是非常低的。这里给大家提供一个去年的数据，不良率只有 0.92%，在整个行业还是比较低的这样一个领域。另外一点是区域特点，主要集中在长三角、珠三角、环渤海这样一些发达地区。但是现在，已经开始逐渐向产能过剩、重化工业比较集中的一些地区转移。这是结构性的特点。这就是当前整个银行业不良贷款的基本状况。

第二个是怎么看。

首先，大家对于上述数据，很多方面老是觉得数据不准确，不能准确反映中国银行业不良的这种状况。我们怎么看呢？虽然数据不是百分之百准确，但是应该能够反映现在银行不良贷款的基本状况。为什么这样说呢？下面的一些机构可能为了各种各样的原因对不良贷款的统计处理方面做了调整，但整体上还是能够反映各个银行基本的不良贷款的状况。现在银行本身对于不良贷款的管理比较严格，作为自己来讲，从总体上应该说对于不良贷款没有进行大规模数据隐瞒的必要。另外，对于上市银行，基本上都是由国际最有名的会计事务所做外部审计，关于不良，他们也都做专门的审计。所以说，从多方面讲可以反映银行不良贷款的真实状况。

其次是现有的水平高不高呢？这已经引起大家的高度关注，特别是引起国际上的担忧。我们前面的结论基本上反映了这种状况，我们认为现有的水平不是很高。一个是说，当然这个比较极端了，跟我们股改上市之前那个时候比，跟大家都说国有银行已经技术性破产的时候比，这个数据简直是微不足道。那个时候，普遍都在 20% 以上，个别甚至超过 40%。现在应该说效益不太好，但银行还是站得很稳。所以，纵向比较应该说是不高的。如果没有说服力，那就横向比较。就目前来讲，现有的中国银行的不良率也是不高的。我们找了一些数据，这已经是西方主要银行在金融危机以后经过不断调整、不断消化之后，不良贷款状况已经有了明显改善的情况下来比较的。2015年末，主要银行最好的是摩根大通的0.77%，最高的是法国巴黎银行，高达5.82%。另外，大家觉得汇丰是一个非常优秀的银行，去年年末，它的不良率是2.3%。我们中国银行的平均水平是1.81%，这是6月末的数据。当然各个银行是有差别，有超过2%的，也有百分之零点几的。所以，比较之后，我们认为这个数不是特别的高。

再有就是风险可控不可控？在谈到不良贷款时，一般要加上风险是可控的。到底风险可控不可控，我们觉得应该有个标准，就是衡量的基本原则，这个原则应该涉及宏观和微观。微观来讲，风险可控，不良本身不足以影响这家银行正常持续地经营下去。宏观来讲，银行业的不良不足以导致整个金融甚至是整个经济出现比较大的系统性风险，那么这个风险就是可控的。因此，我们认为，风险可控这个结论应该是成立的。

支持风险可控的结论，我们还有很多现实的支持性因素。确确实实，不良贷款的总量相对于100万亿元以上的贷款规模毕竟是非常小的，两三万亿元的不良，听起来很大，但是和总的贷款规模比，还是非常小的数。这个数量有限，不良率还是比较低的。第二，现在银行的拨备是非常充足的。虽然现在随着不良的逐渐增加，拨备率在下降，由于在这一过程中，很多拨备已经用于处置不良贷款，比例有所

商业银行不良贷款：现状、趋势与风险管理

降低，但是拨备的规模还是很大的，覆盖不良贷款完全是绰绰有余。另外，银行由于前几年的快速发展，现在积累的家底还是比较丰厚的。到目前为止，以工行为例，一年赚的净利润，将近3000亿元，去年2770亿元，今年肯定会突破2800亿元，所以，利润还是比较充裕的，为处置不良贷款提供了一个非常有效的条件。第三，现有银行的资本充足率都很高，资本是比较充裕的。第四，中国经济虽然在下行，但依然保持6%以上的增长，基本上也不太可能真正走向危机，这样就可以为银行不良的稳定和处置提供一个坚实的基础。

最后，趋势会不会改变呢？我们觉得商业银行不良贷款双升的趋势，在短期内是不会改变的。经济增长速度保持在中高速，特别是大规模的结构性的调整、过剩产能的处置，这些都会导致不良贷款的增加。所以说，不良贷款在未来几年仍然有提升的趋势。但是我们觉得提升的幅度和速度不会突然转向加速的过程。

第三个是怎么办。

首先，尽管我们说是风险可控，不要过度炒作商业银行的不良贷款，但是对于不良贷款的问题还是要引起高度的重视。为什么呢？一个是它确确实实在不断地影响市场的预期，对市场的预期起到负面的作用，不利于银行业及整个经济增长的信心。其次，在当前经济处于下行、整个国家宏观调控的链条中需要商业银行发挥作用的情况下，不良率的不断攀升，在严重制约着商业银行响应政策、支持经济的能力。因为不良在攀升，银行肯定在信贷等方面更加审慎，准入更加严格。另外，不良贷款的攀升，会影响商业银行本身利润的增长，而利润是商业银行补充资本最主要的来源，所以说，它会影响到支持实体经济。比如说，现在商业银行，特别是几大银行，现在基本是微增长，甚至是零增长，一个很重要的原因就是拨备计提在不断地增加，导致净利润减少，这个起码影响几个点。如果没有拨备的增加，保持6%、7%的增长完全是有可能的，现在由于拨备的增加，净利润的增长只能维持在一个微增长的这样一个状况，也限制了银行自身的发展。

对策主要分三个方面：去旧，堵新，防未来。去旧，主要是解决存量，商业银行主要用三种方式来解决——现金清收、重组、核销，在这三个方面分别有不同的处置方式。现金清收，现在主要采用批量转让的方式。在存量的处置过程当中，当前亟须解决这样几个问题，途径太少，现在以批量转让为主，而批量转让的对象现在也比较固定，比较少，比如四大资产管理公司，另外还有地方成立的十几家资产管理公司。所以说随着不良资产的增加，银行在批量转让的市场上越来越处于劣势，处置的回收率在不断地降低，这个是由不良贷款本身的内在质量决定的，和资产管理公司在谈判中越来越处于优势相关。所以，刚才李院长也讲到了，建议开放民资等，让更多的资本参与进来，来处置这样一个不良贷款。一方面增加了处置途径，同时也为民资分享不良资产处置这块儿蛋糕提供了条件。另外还要创新一些处置方式，比如证券化等，特别是利用重组来处置不良贷款也是相对有效的。

堵新，就是要堵住新发生，防止现在的裂变。现在除了已经转为不良的以外，还有大量的逾期，"剪刀差"也有相当大的规模，大概几千亿元，也就是逾期还没有被计为不良的，所以要防止这一部分向不良的转化。

最重要的还在于要防止未来继续攀升。其中重要的是商业银行要尽快建立一个新的风险管理体制，原来的风险管理体制是适应于10年高速增长黄金时代的情况，在新常态下，出现新的情况，已经远远不适应。如果不尽快改变这种风险管理体制的话，也不会利于不良资产的处置。

## 王剑：

第一次来参加活动，感谢李老师和曾老师的邀请。在座的各位都是我们平时在媒体上、在书上经常看到的，今天终于看到真人了。在座的都是银行业或研究行业的专家，我这里选一个跟大家可能不一样的视角，我做行业分析师可能跑得比较勤快，经常到各种地方去调研，所以带来一些可能比较一线的信息来印证我们不良资产行业的一个大致情况。

这里面一共两个内容。一个是不良率真相，我们市场上非常关注所谓的真实不良率。刚才樊所长也讲了我们的账面不良率多多少少还是经过处理过的，所以大家都非常关注所谓的真实不良率。但是我们跑下来，得出这个真实不良率是不可验证的。第二是我们大概回顾一下近几年我们自己调查下来的不良资产的生成情况、处置情况。

先是不良资产率。从我们基层调研来看，虽然银行现在对基层伪造粉饰不良管得很严，处罚也非常严厉，但是不能完全避免这种情况存在。最基层还是会掩盖一些不良，这层掩盖的不良可能总行是不知道的。到了总行那里，总行也可能会用一些出表的方法，做些不良。所以，最终报出来的不良率还是比真实的不良率低一点。低一点也无所谓，主要是总行也不知道基层到底掩盖了多少，这是问题所在。我觉得监管部门也不会很清楚下面掩盖多少，这是问题所在。问题有多大我们不担心，我们担心的是我们不知道问题到底有多大。

根据我们基层调研的情况，从我们草根来看，我自己比较熟悉的长三角那一带，在 2013 年、2014 年不良贷款爆发的特别大，但是我们最终看，年报里报出来的并不大，那么他们肯定是通过一些办法把不良贷款掩盖起来了，然后，过几年再把它释放出来。这种情况在实际的银行业中也是存在的，这会导致一个什么结果呢？每年真实的不

商业银行不良贷款：现状、趋势与风险管理

良，把这些新增的量挪到未来再释放之后，我们看到每年报出来的不良率在平稳的上升，因为新增的不良，过两年肯定会下降的，我们对中国经济的未来还是有信心的，不会每年拼命地冒不良，冒到整个国家崩溃还不至于。所以我们相信，未来新增的不良会下降，到时候再把腾挪的释放出来，这是我们初步观察出来的现象。这就导致了所谓的真实不良率我们一辈子也看不到，我们看到的，永远是账面的，要么过高，要么过低。现在我们已经发现这样的现象了，就是东部的一些银行，我们明明看到长三角破产企业的数量下降了，但年报里的不良率还在上升，而且是很快地上升。我想肯定就是这种结果，这其实对报表来说，是一个很好的平滑，但它的前提是我们国家的经济还不会万劫不复，将来我们经济会好转。我们相信这个是成立的。

接下来，我们看一下市场预期的不良率，这是我们二级市场对不良率一个观点。有一个账面的每股净资产，比如说银行的账面净资产是五六块钱，但是它的股价只有 4 块钱。在一些重资产、重设备的行业，这种情况是存在的，比如说钢铁行业，你 10 块钱买了一堆设备，过几年这设备不值 10 块钱了。所以股价低于 BPS，在某些行业是存在的。但我感觉这种情况在银行业是不太成立的，因为银行手里的都是现金或可以转化成现金的金融资产，所以不应该是打折的。但现实中它是打折的，所以，我们只能把它折扣的部分理解为市场猜银行业还有这么多的不良没有释放。大家能不能理解这一点？我们现在的股价比每股净资产低，那么低出的部分，市场就认为掩盖的不良至少有这么多。所以我们用这种方法大致测算了一下，测算的不良率大概在 8%~9%，这是基于一定的假设，我们做的结果跟几家外资银行做的类似。这是 16 家银行用这个方法计算的结果，它们公布的不良率与市场认为的不良率，差异还是比较大的。其实说实话，到 8%，我们国家也是可以承受的，但我们的问题还是回到第一句话，问题不在于有多高，问题在于我们不知道有多高。这是我们对真实不良的一个测算。还有就是跟股价有关的。股价是这样的，大家是用它的预期不良率去做估值的，市场不太相信那个账面不良率，所以它用一个预期不良率，刚才算出来的 8% 就是它的预期不良率，用这个预期不良率做估值的。但是预期不良率又是无法验证的，所以这个预期不良率不是由真实不良率来影响它，而是用几个影响不良率的宏观指标去猜不良率。比如说，宏观经济好了，大家就会猜预期不良率没那么高。所以我们就会关注几个影响预期不良率的指标，包括宏观经济形势，还有信用市场的流动性，信用市场的流动性比较典型的有贷款的可得性。这是几个未来影响的因素，也是我们要关注的。整个不良率真相的框架就是这个样子。

下面讲一下我们市场调研的收获。我是浙江人，2011 年刚当分析师的时候，刚好也在浙江，所以基本上是全程经历了 2011 年开始的温州不良贷款，小企业流动性危机。那个是不良贷款周期的拐

　　　　　　　　　　　商业银行不良贷款：现状、趋势与风险管理

点，但是大家看到的全国的拐点是 2012 年，温州比全国提前了一年。2012 年开始，江苏和上海也相继出现类似情况，但主要是钢贸企业，倒不像温州这样，整个地方都出现问题。2014 年开始，整个不良资产在全国各地开花。我们对三大行不良贷款的区域分布做了统计，因为三大行在年报和中报中，都有不良资产的区域分布统计。把三大行的加起来，能看到 2011 年的时候没有大的数字，2012 年的时候，大部分在长三角，然后逐步在珠三角、环渤海，到后面几年，全国各地开花。为什么会有这样的趋势呢？除了有温州当地的原因，比方说，温州的杠杆放得特别大，还有产业的原因，在 2010 年、2011 年开始宏观调控，经济弱化的时候，比方说外需变弱，长三角地区生产的都是消费品和终端小型工业用品，属于下游行业，只要需求一变差，它们就会首先感受到，所以它们最先感受到经济的恶化。然后，中游。然后，不良贷款开始暴露。重化工在我国一般分布在内地，比如说山西的煤炭，河北的钢铁，中上游都在中西部地区。所以，下游的企业感受到经济不行之后，才开始减少对上游原材料的订单，这时候，上游的风险开始蔓延。所以，在产业链上由下游到上游蔓延的这样一个过程，它恰好也表现为在地理上从长三角到内地蔓延的过程。

这就是我们整个不良资产变化的一个趋势，这个趋势给我们带来什么好处呢？就像是我们在做研究的时候，已经有样本给我们参考了，这是很好的事情，就是我们拿这些样本进行参考，在研究现在正在拼命冒不良的地方的时候，就会有一些启示。就像温州一样，它那边都是以中小型私营企业为主，政府没有给予过实质性的救助。这不像国企，很多国企，政府有信用背书或者实质性的救助，浙江基本上没有人有这种理念，觉得这企业自己完蛋了就该完蛋，大家都是这么想的，包括我们普通老百姓。现在发现，过了三四年，出清得非常快，这个还是快于我们的预期。很多企业，尤其是低端制造业，就开始快速地被出清掉。虽然出清过程很痛苦，但是到现在为止，我们回过头看，现在已经到了一个相对平稳的时期。所以这个是我们非常值得借鉴的。房价上升了一倍，然后又掉回来，也是一个大起大落的过程。这个都是值得我们借鉴的，值得现在中西部去产能的地方借鉴。那些地方，大型的国有企业怎么去也去不掉，当然背后有体制原因。这样一对比，可以得出来很多结论。

还有一个就是信贷周期和经济周期的问题，刚才我们的逻辑是经济变差了，产生不良。其实这个逻辑，在现实中不一定成立。比如温州，2011 年的时候，产生不良的企业都是自己过度杠杆。在那边办企业的人，如果他觉得一个企业经营恶化，东西开始卖不出去了，钱抓不到了，它不会那么快速倒闭的，他会说今年赚不到钱，明年又赚不到钱，后年他就把厂子给关了，把贷款给还了。我有个朋友，贷款还掉后，又去银行找了份工作。其实，企业恶化像人生病一样，不会一下子

商业银行不良贷款：现状、趋势与风险管理

就病入膏肓，它总要有一个过程。其实，在这个过程当中，有大量的时间让企业或者银行早点主动来处理不良资产的，这样就不会严重地、恶性地爆发不良。这个事情不太可能是经济恶化导致的，只能是信贷周期的变化导致的。2010 年、2011 年 8 万亿元的时候，放了无数的贷款，我们统计了一个数据，这是浙江新增信贷占全国当年新增信贷的比例，浙江 GDP 占全国比例在 9% 左右，信贷比例前几年一直保持在 10% 以上，其实浙江就是一个过度信贷的样本。然后到了 2011 年开始宏观调控，开始对房地产产生效果，很多企业高度杠杆的资金链也就断掉了。所以这种危机式的不良贷款，都是在信贷周期中来的，不是从经济周期中来的。这是我们平时跟企业打交道明显能感觉到的。经济恶化导致的不良贷款，我们也提供了一个样本。我这次是从台州过来的，它泡沫不严重，台州人拿贷款，不会拿得那么疯狂，所以它出现不良就是在2014 年、2015 年，当 2011 年温州跑路的时候，他们那里没什么不良。这明显能感觉到，温州是在信贷周期中产生的不良，台州是在经济周期中产生的不良。这个其实是我们在分析问题的时候，把问题再细化后，得出这样的结论。经济周期中的不良一般是温和的，不会那么急剧发生的。温州当年是急剧爆发的。

这是我们对生成情况的一些分析，分三个方面分析，一个是区域的，一个是行业的，还有一个就是两个成因上的解释。最后我们能看到，整个不良贷款，长三角地区，尤其是浙江地区的不良贷款的增速还是在下降的，这是一个比较好的信号，前提是前面出清得比较快。还是那句话，赶紧出清，"早死早超生"。

最后是处置情况。今天有很多专家在，我就不详细展开。处置的方法，已经研究得很充分了，关键的问题在于，银行在处置过程中，关键是要放点血的，比如说拨备要被消耗。在我们转让给 AMC 或核销的时候，拨备会被很快消耗，这个时候就会出现一个问题，就是盈利增速。关于盈利增速，比如说大行，今年我们预计是 0 的增速，这只是一个假设，假如拨备覆盖率要达到这么多的时候，然后今年不良生成率还是保持这么多的时候，银行业的增速会是什么水平？如果拨备覆盖率还是要达到 150%，不良生成率又比较高，年底我们又要求把新生产的不良核销掉，年末的不良控制在 2%，就会消耗大量拨备，最终使银行的盈利增速出现负数。

关于盈利增速出现负数这个问题，大家很纠结，我们可以简单探讨下我们的观点。银行能不能让它的盈利负增长？其实盈利出现 10%，甚至 20% 的负增长，ROE 还是很高的，还是一个很健康的行业。但是，我就担心，那些所谓的境外做空势力又可以拿这个来涮了。其实，盈利增速出现一两个百分点甚至 10 个百分点以内的负增速，银行业还是很健康的。但是我们现在能够强烈地感觉到，监管层领导，还有一些媒体，可能还有更上层的领导，这我不知道，只是从行文上去揣摩，至于他们具体是不是这么想的，我今天可以问下在座的领导，上面行文中能揣摩到，大家还是有很强的动机去保证正增长。所以，今年很有可能出现的情况就是把拨备覆盖率放松，来保持一个正增长。这可能是一个没有办法的办法，为了维持国家对这个行业的信心、对经济的信心，所以不得不做的一个"假账"。我的意思是即使不做这个假账，这个行业还是蛮健康的。这是我们对整个形势分析下来，最后落脚在盈利上面的一个结论。基本是这样，谢谢大家。

## 主持人 ／ 李扬：

我们下面请巴劲松，大家注意他有一个身份是 NIFD 银行研究中心特聘高级研究员，演讲的标题是"不良贷款处置政策框架与趋势"。

## 巴劲松：

刚才樊所长和王剑对不良资产的整体和趋势在数字上做了很细致的分析。从感受来看，要说到不良率是多少，大家就笑了，不管你说的是好还是多，什么原因呢？一是不良率和不良额连续双升，现在分别是 1.81% 和 2

万亿元。二是从区域上，从发达地区向中西部，从下游往上游，从制造业、零售业向更多的领域去蔓延，这种蔓延的趋势让大家觉得未来怎么走是不确定的。三是数据的准确与否，数据的准确与否与不良资产的认定是密切相关的，我们现在都在叫不良资产，但不良资产是什么呢？这有不同的界定。不良资产的界定经历了两个阶段，最开始是"一逾两呆"，现在是五级分类。

有人做过不良率的分析，按照 2015 年主要上市银行的数字，不良率和逾期率之间差额大概有 1 个百分点，说明现在对不良率的认定有很多不同的看法和观点。所以我想综合下面三个层次，让大家对不良率关注。现在比较重要的是要打开不良到底是什么，打开不良的结构。按照不良资产的认定，早期是"一逾两呆"，这个是很清晰的，贷款到期不还，逾期和呆滞、呆账就变成不良了，这个是很客观的认定。1998 年之后推行五级分类，很多银行在五级基础上把它分成十二级，甚至更多的二十多级，基本上是按照五级的大框架把每一类细分。在不良的分类中，核心是判断一个债务人是不是有足额偿还贷款的可能性，偿还能力加偿还意愿共同构成对借款人的认定，这种认定比"一逾两呆"更加进步，前提是这个人掌握了更多借款人的信息，并且认定者更加专业，但现实的情况又像李老师所说的担心回到以前的状态。当赋予一个人一定权利去认定不良的时候，就有很多的弹性。我们现在分的不良就是次级、可疑、损失这三类加在一起构成的不良，银行现在把关注分成关注 1 级、关注 2 级、关注 3 级，次级分成次级1级、次级2级、次级3级，很多制度在关注3级和次级1级之间界限是模糊的，导致大家对不良资产怎样认定产生不同的看法。现在不良资产的结构，即便是到了1.81%，次级和可疑占一大部分，损失的只占20%很小一部分。按照这种认定的观点来看，赋予了认定者一定的自主确定权，又为不良资产的认定带来了很多不确定性。

我们要透过不良资产往回看，不良贷款的认定在国际上只是一个指标，并不是一个能够完全反映银行资产质量的指标，只是众多指标中的一种，而我们现在把它看得太重要了，为什么呢？因为不良资产实际上是一个比较滞后的认定，当一个企业已经还不了钱，逾期90天以后，再来进行催收，再还不了，才认定变成次级，然后再往后走。不良资产的鉴定，第一，我们应该反思一下，不良资产不应该当作一个主要的指标来反映一家银行的质量，乃至整个金融体制的质量，应该有多种方式。第二，不良贷款和逾期贷款之间1个百分点的"剪刀差"说明了不同的观点，一种观点认为不是所有的逾期都是不良，逾期有各种原因，另一种观点认为不良被掩盖，逾期都违约了，还不认定为不良。

现在银行界比较前瞻性判断资产质量更多的是用PD值，用逾期违约率来判断一个银行的客户质量，判断资产组合的质量，包括三大评级机构都用PD值对银行进行评级。所以现在还把不良贷款的认定作为银行的主要指标，本身就说明银行业还处于传统向现代转换的阶段。我们做过分析，西方的银行会比较详细地披露PD值的分布，即逾期违约率的分布，包括行业分布、地区分布，还有各个产品维度的分布，这样才能把真正的资产质量前瞻性地反映出来。这个是对于不良资产认定和它的值的一个反思。这是和大家沟通交流的第一点，不要把不良率当作反映一个银行主要的，甚至是唯一的指标，因为有大量的不同的指标反映一个银行的整体，反映一个金融体系。

第二部分，不良资产的防控。到目前为止，不良率和不良额分别是1.81%、2万亿元，这是公开的数字，如果再加上逾期的"剪刀差"，可能要再加1个百分点。即便是这样，我们也可以回顾一下历史。整个不良资产，实际上是实体经济的一种反映，也是另一种晴雨表，是周期因素和结构因素在一起叠加而成的。回想当年我们的不良率到25%，甚至更高的比例，现在公开数字不到2%，为什么这么紧张？我们也在反思，法国的很多银行、国际上的一些银行不良率在5%以上，其实不良率、逾期违约率的高与低并不是关键，关键在于这个趋势是不是可控的，是不是预测到了。还有一个很关键的在于风险和收益是不是匹配，当有比较高的不良，净息差可以覆盖不良或者逾期违约率的话，收益和风险是匹配的。所以想和大家交流的第二个观点是收益和风险相匹配的情况下，不良率不是一个很大的问题。关键问题在于不良率上升了，或者风险上升了，而收益率在下降，说明承担过高风险却没有获得相应的收益，这是一个比较重要的问题。

所以现在对于不良资产的防控应该说提到了很重要的日程。从政策面来讲，第一，从"双降"到"双控"。以前一直讲要"双降"，不良率和不良额都要往下走，作为一个目标，现在讲控制而不是往下走，控制到一个能够可控的范围。第二，政策面强调真实反映。真实反映的呼吁实际上来自各个领域，首先银行内部总行希望各分行要真实反映，监管层希望各个银行要真实反映，市场更希望真实反映，真实反映应该说是众多层次的共同呼吁。按照现有多年银行的经验积累下来，包括外部审计师的审计，对不良率的反映是有一个可以信赖的基础。大家可以看到，不良率的核销也是非常大的，即便到了1.81%再加上核销，这个值也是非常高的。所以不良率的分类准确是一个要求，我们会从哪些角度去看？监管会对它进行现场检查，对贷款进行分析，从正常向不良转移的率有多高，银行可能会对它提供更严格的要求，所以分类标准严格执行。第三，对风险缓释，管控不良贷款的损失。这是不良贷款防控的政策，对防控的原因追究责任。不良贷款防控的政策首先要真实地反映，同时目标从"双降"变成"双控"，这是一个很大的转变，监管层、政策面已经看到"双降"应该根据现实调整。其次要真实反映。最后要追究原因，进行追责。这是对于不良资产防控的政策。

从不良资产形成的原因分析，上一轮的不良资产，按照人民银行的抽样调查统计，计划和行政干预30%，政策上30%，关、停、并、转10%，地方干预10%，银行内部原因20%。这一轮不良资产的成因大家分析更多的还是自己内部管理的缺陷加上经济周期，经济周期是客观存在的，银行不能说因为经济周期的到来不良率上升，经济周期的到来银行提前会有所安排的。银行所做的资产组合里面，不良也好，逾期违约率、PD值也好，需要的是风险收益的平衡，而不是追求很低的不良率，所以银行的经营理念发生了比较大的转变。这是对于这一轮不良资产的认定。

第三部分，跟大家分享一下不良资产的处置。不良资产的处置在于对金融资产，当然我们的信贷资产从理论上认定它和其他金融资产一样，也有一级市场、二级市场，发放贷款的时候形成一级市场，贷款一旦形成，它的价值本身就是在上下浮动的，从这个角度来看，账面价值低于实际价值的就是不良资产。按照五级分类的标准，正常、关注、次级以后就要提相应的拨备，实际上意味着它的真实价值都已经缩水了。从不良资产处置的角度看，我们更多的是要重新来定义贷款，它是金融资产的一种，价值并不是永远不变的，并不是贷出去就是百分之百，而是一旦贷款放出去，它的价值就在上下波动。波动的价值由谁来决定呢？由借款人的偿还能力和偿还意愿共同决定，有可能现实的基础上就只有50%。

所以，我们现在处置不良资产的根本在于要找到不良资产的真实价值是多少，然后对它进行快速处置。现在的处置方式有内部和外部两种，内部主要是催收、诉讼重组等各种方式，外部的处置是对外转让，对外转让就是对外的批量转让、不良资产证券化及信贷资产收益权的转让。

从内部转让来讲，政策障碍在哪里？我们去催收、抵债、重组、减免、核销都有政策安排，目前的政策体系始终还是把银行的不良资产当作一个一定要让价值百分之百回收的概念。第二，偿还的时候自主的处置空间非常小。贷款的减免、自主核销按照财政部 2015 年的办法已经有很大进步了，但是回过去看它的条款，核销一笔贷款非常难的，必须要诉讼，法院的判决书判了之后不能执行，企业注销了才能把这笔贷款核销掉，核销期限很漫长的。所以内部处置面临的问题在于银行的自主空间比较小，受到很多政策的约束，本来是自己拨备自己的资产，想把它迅速减记掉，重新再出发，受到很多条款的约束，自主的空间比较小。

对外转让中批量转让的问题在于不良资产只能转给 4 家资产管理公司，加上现在接近 20 家的地方资产管理公司。第一，受让主体是有限的；第二，能转让的只有对公的贷款，零售的、个人的贷款不能转让；第三，批量转让要求 10 户以上才能转让。不良资产证券化现在是额度控制。信贷资产收益权转让是一个探索，是把不良贷款在内的信贷资产收益权转让出去另外探索的一种方法。这三类都是对外转让。

按照内部处置和对外转让两种模式看下来，一是内部处置的自主权有待进一步扩大，二是不良资产的受让主体不足，三是手段比较缺乏，四是创新的方式比较少，资本市场的参与是不够的。

从不良资产处置的角度讲，应该把不良资产当作金融资产来对待，和其他的金融资产是一样的，有它的估值，市场上谁对它有更高的估值就卖给谁。怎么样能够让它在市场上有更高的估值？其实就需要有更多的人参与不良资产的处置，比如上下游企业的参与。二是资本市场上，私募基金的参与，把资产进行重组，进行新的模式的处理。从这个角度来讲，对不良资产要重新定位，要用投行的眼光看待不良资产，不良资产本身的价值是上下波动的，只有最了解不良资产的人才会把它的价值挖掘出来。这是对不良资产处置的分析。

总的来说不良率是大家瞩目的，不论是国内市场还是国际市场。但是从更广阔的视野看，不良资产只是反映一个银行资产情况、盈利情况、经营情况的一个指标，而且这个指标是比较滞后的指标，需要看银行整体的对于风险控制的能力，对于风险、收益的平衡，而且需要组合的管理。在周期因素和结构因素叠加的情况下，不良率一定的反弹应该是比较正常的现象，不良率的上升是对银行的经营、实体经济运行的一个反映，上升的趋势还会跟着经济结构的调整而变化，从这个角度讲，不良资产的趋势应该是可以理解的趋势。按照不良资产的反映，从总的速度来看，因为不良率只是银行资产质量的指标之一，银行为了抵御风险，用拨备抵逾期损失，用资本抵非逾期损失。目前拨备覆盖率到一季度末达到175%，按照拨贷比，即所有的拨备比上贷款的余额达到3.06%，资本充足率达到13.37%，从抵御损失的角度讲，资金抵御能力还是比较充足的。作为中立的政策研究者，我们要看到银行出现风险是比较正常的事，需要看到风险是在可控的范围内，可控就是拿拨备、拿资本可以抵御的，这个趋势是在预测的范围内。这是对不良资产趋势的判断。

从市场化的角度看，不良资产一要快速处置，二要以高效的公允价值处置，而不是把它限制在银行体系内，让少部分人去买它，就发现不了它真实的价值。因为不良资产就是一种金融资产，本身价值就是上下波动的，只有让众多投资者参与才能发现它真实的价值，才能保证回收的最大化。不良资产一旦形成就不应该追究它的责任，得有一个新的部门专门做不良资产的处置，使它回收最大化，寻找到最佳的投资者。这是对于不良资产从政策面、从理论角度的一个思考，供大家参考。

## 曾刚：

时间有限，我就用非常简短的时间加一个内容。前面的几位都把不良贷款的情况讲得很清楚了，因为李老师刚才也讲到，信用风险存在的领域更加广泛，对银行的影响也更加深远，我最后一部分就简单讲一下在信用风险上

升的环境下，对银行资产结构的影响，以及可能产生的宏观效应。

大的环境下，在过去几年当中，中国银行业的资产结构、业务结构发生了非常大的变化，当然有很多原因，利率市场化是一个方面，但经济周期过程当中信用风险的上升也是非常重要的一个原因。一方面，银行对信用风险的预期会阻碍它主动信贷投放的意愿；另一方面，经济周期的调整使得有效的信贷需求是不足的。银行也要生活，虽然压力在变大，但是必须去维持业绩的增长或收入的来源，不然历史包袱没办法消化。过去一段时间，我们可以看到银行的资产结构，资产结构分三块内容：第一是信贷结构在发生调整，第二是表内的资产结构在发生调整，第三是表内和表外的结构在发生调整。这些调整和信用风险是有一定关系的。

第一，我们首先看信贷结构。在过去几年中银行业新增贷款投向，因为原来银监会是公布数据的，但是 2015 年开始不公布了，没有连续性了，我就没有全部弄出来，只做了两个点来对比。2011 年新增贷款的投向表示制造业当时已经不是最多的新增贷款投向，但仍然占比较高的比例，个人贷款占新增贷款投向 30% 左右。2015 年，新增贷款基本都去了两头，二季度大概有 50% 甚至更多去了个人贷款，个人贷款基本都是按揭贷款。贷款的变化和信用风险是有很大关系的，现在普遍观点认为个人部门杠杆不高，还有加杠杆的空间，但是个人部门杠杆加得很快，在过去几年中，每年新增贷款中 30% 以上现在到 50% 以上

商业银行不良贷款：现状、趋势与风险管理

投向个人部门，杠杆加的速度非常快，这个是贷款结构的变化。

另外，从产业结构讲，这个用了银行业协会 2015 年银行家调查，从银行家主观的角度认为信贷结构重点支持的行业，所有的基本都是城市基础设施建设，又回到地方政府平台了，理论上监管部门认为这个平台是不能贷的，但实际上大家都向这个方面集中。今年贷款基本就两头，一头是给政府了，一头是给个人了，其他行业基本都很少。这个和实际的信用风险是有很大关系的，因为放贷给政府虽然今年的利息会低点，至少没有风险，放在其他方面可能会有风险。这是一个特别大的贷款结构的变化，向个人方向的集中，还有产业里面又回到了基础设施，这个是信贷结构的问题。

第二，资产结构的问题。银行在过去时间生息资产的结构变化非常大，贷款在整个银行资产中的占比是在迅速下降的，因为我们只比较了两年的数据，如果把时间拉长会发现变化的趋势是非常明显的。我们大概列了几类银行，农商行因为数据样本有限，我们选择了最大的十几家农商行的数据，现在基本上贷款在银行资产负债表中的占比在 50% 以下，城商行就更低了，而投资类的资产在迅速增加，包括同业，投资类资产包括很多，包括债券、各种金融收益权等。我们把不同类型的银行再分开，国有五大行相对来讲差异比较小，而且差不多比较平稳，大概在 50%；在股份制银行中差异很大，有相对比较传统的贷款占 50% 左右的银行；还有的银行贷款在资产组合中已经在 30% 以下，或者在 1/3 左右。对这些银行来讲，信贷风险可能已经不是最大的风险了，风险可能在其他方面。传统信贷风险上升导致资产结构偏好的调整，并不一定是新兴业务的风险一定比信贷风险低，只是在原来思维模式下认为这种风险是可控的或者没有认识到的。城商行也是一样，差距很大，有的城商行贷款类占比非常低，投资类占比非常高。基本反映一个趋势，在资产结构方面，银行业的资产结构已经因为信贷风险的原因当然也有监管方面的原因，发生比较大的调整和变化，和西方国际化的银行相比，有可能贷款占比还更低，甚至低于汇丰的水平，汇丰差不多一半一半，我们现在好多已经低于这个水平了。

第三，表内和表外。过去一段时间这块发展很快，表外主要是资产管理，从银行的角度来讲，非保本的理财这种资产管理，还有一些私人银行对接的产品，在过去的一段时间迅速发展。从趋势上来看，去年已经到 23 万亿元，绝大多数是非保本的，即表外的，因为表外的优势现在越来越明显了，既不占用资本金又不受法定存款准备金率的要求，对银行来讲成本比较低，整体来讲它的发展趋势非常快。如果从大资本行业的角度讲，银行的理财产品或者资管占整个行业的比重是最高的。银行已经成了资管行业市场上最重要的玩家，未来的趋势还会延续，资管也可以看成是一个机构投资者，是直接融资市场上的重要参与者。中国的混业路径对多数银行来讲，实际上全能银行路径比拿牌照更容易。银行资产管理的结构里面趋势是银行同业之间理财的占比在迅速上升，个人客户的占比下降到 50% 以下，机构与机构之间的交易实际上是产品的叠加，这块在过去尤其是 2015 年有了迅速的发展。

接下来我简单讲一下宏观的影响。第一，加速中国金融结构的变化。如果把银行做的直接融资的事情归入真正意义上的直接融资，实际上中国金融结构在过去一段时间变化挺快，当然能不能把银行的资管化当作真正意义上的直接融资还有待法律上的通过，因为还没有明确银行理财到底要不要都抵，如果都抵还不能够算直接融资，现在缺一些基础的东西，如果把机构投资者看作直接融资的资金来源，银行业的投行化趋势在过去非常明显，这对实际的金融融资结构来说也是很大的变化。第二，对央行挑战比较大，对货币供给机制的挑战很大。表外资产的应用实际上也是信用的扩张，它对货币的供给会产生影响，信贷和货币之前的关联会变得越来越松散，而且不可预测。央行也在努力，在搞 MPA，MPA 主要控制的是表内，表外的项目实际上也不在控制范围之内，怎样提高效率是货币供给机制的问题。第三，从货币政策角度来讲，信贷管控效率在下降。第四，从资产结构来看，信用风险以外的其他风险包括市场风险和流动性风险，对银行的影响在重要性程度上有可能超过信用风险。我们对银行业、金融体系风险的关注集中在不良贷款上面，不能够完全反映金融体系风险变化的情况，从监管角度讲，从银行自身角度讲，怎样加强全面的风险管理去适应这种变化是非常紧迫的事情。现在很多银行尤其是中小银行没有把新增的业务风险纳入风险管理框架之内，现在有 200 多家小银行在上海搞金融市场业务，这种模式恐怕也不是可以长期持续的，未来肯定也会有风险。时间有限，我把这个问题给大家抛出来，这也是我们未来需要去讨论或研究的一些方向，供大家参考，谢谢。

**胡建忠：**

很高兴参加这个活动，我想顺着大家发言的思路也谈谈不良资产的问题，我原来在农行，这十几年时间专门处置不良资产，有一些体会和经验。

第一个问题，怎么看？中国金融体系不良资产现在还没见底，后续几年还是持续上升的一个过程，为什么？第一个原因是中国经济下行的基本面在近期没有改变，民间投

商业银行不良贷款：现状、趋势与风险管理

资在持续下降，社会融资中接近 2/3 是间接融资，尤其是这次债务违约连续不断发生以后，倒逼直接融资向间接融资回归，银行压力越来越大。第二个原因是煤炭、钢铁这些产能过剩行业不良资产还没暴露。就像前面同人说的，中国的煤炭行业现在占有 3 万多亿元贷款，中国前十大煤矿企业整个的资产负债率是 65%，前十大煤矿企业的不良率在 0.5% 低位以下运行。中国煤矿业 2011 年顶峰时期将近有 4000 多亿元利润，现在只有 400 亿元利润，亏损面 90%，几大煤矿企业已经连续几年不能还本不能还息，都是借新还旧、放本还息。有人统计，中国的金融体系每年增量是 12 万亿元、13 万亿元，其中 60% 用于还息了，没有注入实体中去。现在的特点是东部地区暴露得快，西部地区暴露得慢，民营企业暴露得快，国有企业暴露得慢，传统的制造业、批发零售业暴露得快，大型的钢铁、煤炭企业暴露得慢。这些企业的不良资产因为实质的原因，现在银行机器还扛得住，不良资产没有暴露出来。第三个原因是政府借款大规模的财政置换，现在政府贷款直接贷款有 15 万多亿元，间接的有 8 万多亿元，这 24 万多亿元通过置换使风险后延了。第四个原因是房地产实际上有泡沫的，泡沫没有被戳破，但是能够扛多久不知道。我说的第一点是这几个因素造成不良资产并没有见底。

不良资产的压力有多大，过去 25%、30% 我们都扛过来了，现在有多可怕。实际上基数不一样，1999 年我就接触不良资产，1999 年主要银行体系十几万亿元总资产，不良贷款 20%、30%，就 2 万多亿元，第一次剥离 14000 亿元，第二次银行改制，工、农、中、建、交几家银行剥离 13000 亿元，农行自己处置 8000 亿元，总共 21000 亿元，35000 亿元把工、农、中、建、交几家银行的不良资产全部干掉了。当时不良资产总量只有 35000 多亿元，并且那时候在中国经济的上升期间，不良资产靠经济增长消化掉，工、农、中、建在五六年期间总资产价格上涨了 10 倍，煤炭、钢铁、房地产在这十年间价格大上涨，所以增长把存量给消化掉了。

当前的不良资产有多大？有人说是 1% 多，有人说是 2% 多，刚才有同事说是 8% 多，麦肯锡给的是 7% 多的比例，我们算一个 5% 的总量。中国金融体系银行有 106 万亿元贷款，各种渠道的资管从银行到保险到资产管理公司到信托到私募有 90 多万亿元，90 多万亿元减掉通道 30 多万亿元还有 60 多万亿元，还有民间的一部分，大概的金融资产有 180 万亿元，就算 5% 左右的不良 10 万亿元，经过这几年的判断大概的违约损失率是 60%，有 6 万多亿元的损失要消化。现在银行体系当中消化的可能性最大，最有能力消化的尤其是国有银行、上市银行，银行体系违约损失不会超过 3 万亿元，但银行体系有 3 万亿元的拨备在那放着，银行的盈利能力还是比较高的，ROE 不高还在 15% 的水平，ROE 低了还在 1.2% 的水

商业银行不良贷款：现状、趋势与风险管理

平，在国际上增长比较高的。把增速放慢一点、盈利放慢一点，银行体系消化不良资产难度还不大，难度大的在银行的表外，在资管，在新兴的行业 P2P、众筹及民间领域真是有风险的。要正确看待这个问题，这是我说的怎么看。

第二个问题，怎么办？我认为要内外并举，银行内部的核销要加快，对外的处置要加快。刚才有几位同人说处置的面应该更广一点，批量处置的面太小了，只是对几个资产管理公司，我对此有不同的看法，简要地说一下。实际上银行的不良资产重组类的可以放开，处置类的拿来以后再转让一定不能放开，这里边问题太多了。中国国有金融、国有经济占主导地位，把不良资产放在全部市场化、全部民营经济来搞，会搞得鸡飞狗跳，这里面潜在的许多矛盾都出来了。假如中国出现 3 万家小的资产管理公司来处置国有企业的不良资产，因为不良资产大部分是国有的，金融体系要大乱，社会稳定要大乱，整个的法制体系、道德体系要大乱。我们做了这么多年不良资产，体会非常深刻，不是那么简单的。

大面积处理银行不良资产一定要有个新的载体，不一定是资产公司，可以有新的载体。银行自己处置自身的不良资产道德风险太高了，尤其是国有银行，一般打折处理不良资产，客户里面有不良有正常，把不良的打折了，正常的要收本收息，都会形成习惯性"流产"。一手打折处理不良资产，一手却要回收不良资产，对信用体系是很大的破坏。

再一个就是要用市场化的方法。一个是要防止该出清的企业通过穿上马甲不出清，包括我们讲的债转股也要市场化，这样才能防止僵尸企业回笼。另一个就是这么多的不良资产处置还要循序渐进，不能把一些阶段性的有问题的企业通过处置不良资产倒逼它出清。

**黄剑辉：**

特别高兴能够参加国家金融与发展实验室此次会议，同时也祝贺实验室成立。为此次会议专门准备了一个 PPT，简单给大家汇报一下，一共分四个部分。

第一，我国银行业不良贷款的现状分析。

从国际对比来看，从 2001 年到 2012 年中国银行业的不良贷款率呈快速下降的趋势。从更远一点看，其后这两年是一个攀升的态势。对中、德、日、美从 2004 年以来趋势的演变做了一个分析。从系统重要性银行同业对比来看，对我们国家的主要银行跟世界主要的

商业银行不良贷款：现状、趋势与风险管理

大型银行进行了对比分析，2016 年一季度大型商业银行不良率只有 1.72%，拨备覆盖率是 162.6%。

从长期来看，我国商业银行不良率仍处于低位。2003~2008 年，我国商业银行不良率从 17.9% 降到了 2.4%，下降了 15.5 个百分点。2009 年至今，不良率基本保持在 2% 以内。但是，正如前面几位专家所说，关注类贷款和信用成本是迅速上升的趋势。关注类贷款占比已经从 2014 年 3 月的 2.5% 上升至 2016 年 3 月的 4.01%，主要行业分布是在批发和零售业，农、林、牧、渔业，制造业及采矿业这四个领域。从个人不良贷款来看，呈现分化的态势。目前按揭贷款是一个重要的稳定器。不良贷款的区域分布，福建、内蒙古、云南、广西这些地区不良率的上升态势比较明显，区域特点也很突出。

第二，我国实际或潜在不良贷款量化分析。

用隐含不良率计算方法 EBITDA 来计算实际不良率。用 EBITDA 计算的隐含不良率在 2015 年底为 4.6%，这不是一个模糊的感觉，是具体测算出来的。如果用经营现金流法（OPCF），计算的不良率就比较高了，个人感觉此方法有高估的成分，实际不良率可能在 3%~5%，与实际调研情况相吻合。还存在结构性的问题，从不同类型企业来看，大型企业面上看不良率是比较低的，这主要跟我们国家的某种信用风险有关。世界银行测算："在险债务"高但风险可控。"在险债务"已高达上市企业债务的 14%。从资产负债表的角度来衡量，风险仍然是可控的。

第三，我国商业银行不良贷款演化趋势研判。

从趋势研判来看，地方债务不断增加，企业的高杠杆难以维系，民间投资增速下滑。在经济下行情况下，对银行资产质量会构成显著的压力。从央行做的压力测试来看，表明经济下滑会导致不良率明显上升。经济结构的调整也会对行业有一定的影响。如果资产价格下降，会对房地产风险形成很明显的影响。地产风险，刚才李老师前面也提过，地产风险的传导需要高度重视，因为影响的整个链条会很长。

第四，政策建议。

我思考了几个方面。宏观层面，要保持经济增速平稳。有不少学者说经济下行没有关系，还有利于结构调整。这种观点更侧重局部层面，没有从更广、更全面的观点来看。不同的 GDP 增速对不良贷款比率有影响，如果降到 5% 以后，不良率有明显的攀升，这两个有明显的相关性，不是增速可以无限地往下降。

同时还要加快供给侧结构性改革，因为只有实体经济结构和发展方式不断地优化，我们金融机构作为服务实体经济的主体，它的结构才能改善，这两个是密切相关的，不是靠自身来调整结构。

从监管当局、央行和银监会的角度，我们认为需要维持低利率的金融环境，并做好风险隔离。因为低利率环境大大延长债务的可持续性，利率维持很高的话，会使链条中断。

要做好风险隔离，防止风险溢价大起大落。商业银行自身应多渠道化解存量不良压力。包括四方面：拨备计提的力度要适当提高；大力发展多层次资本市场推动股权融资，降低杠杆；尊重市场规律，避免运动式行为，正视不良化解的长期性；推进"债转股"等创新，必须基于法治化、市场化。

以上是从商业银行对外管理的角度。从商业银行内部角度来看，要构建更加全面的风险防控体系。站在国家的层面上，研究系统性的管控问题，我最近组织人员一起研讨了一下，体会很深。过去巴塞尔协议Ⅱ或巴塞尔协议Ⅲ看上去很神秘，说是全面风险管理，但是实际上非常不全面。它的管控方式基本上是顺周期或逆周期，两种模式都是正常的，就像我们今天开会，外部没有洪水，也没有地震的时候，哪种模式都可以，巴塞尔协议Ⅲ也是可以的。但是来了地震或洪水以后，那些方式，就像1998年的那场危机，1929年的大萧条，2008年的那场危机，用巴塞尔协议Ⅲ的框架就不足以破解。这也是最近几年欧、美、日银行出问题的原因，如何来破解呢？就要从宏观预测的角度，把地震、洪水等也要纳入一定的考量中。这两天邢台水库出了一些事故，就是说必须要一些部门预警，让底下的银行早一点来搬现，以这种思路来破解。

**董希淼：**

我们有一个上市银行年报研究小组，对2015年16家上市银行进行了一个风险管理方面的分析，发现刚才王剑讲的不良贷款的真实性问题还是需要考虑的。王剑的分析是从整个行业层面上的。我们觉得不同类别的银行之间的差异还是比较大的，2015年16家上市银行（五大行、8家股份行、3家城商行）引进的不良率是1.47%，提升了0.34%。

五大行的不良率最高，8家股份制商业银行不良率上升幅度最高，3家城商行情况很好，基本没动，平均上升了0.06%。其中，南京银行的不良率还下降了0.11个百分点，这差距很大。关注类贷款趋势跟不良贷款趋势基本一致，同样也是，股份制银行上升最快，占比最高。尤其是平安银行、招商银行、浦发银行这3家股份制银行，上升都非常快。恰恰这3家银行从平时的感知来说，市场化经营都做得比较好，市场口碑都不错。如何解读这个现象呢？我们内部也进行了一些讨论。一方面认为，可能股份制银行从负面的影响来说，贷款投放比较激进，信贷结构不一定合理，所以暴露比较多。也有观点认为，觉得股份制商业银行盈利能力相对好一些，包袱也轻一些，暴露更多就更真实一些。

之前我们有个讨论，到底真实的不良贷款率是多少？有人认为，大行大概会是名义上的 3 倍，股份行大概会是名义上的 2 倍。2 倍到 3 倍这只是一个很粗的判断，所以我总的一个观点是，研究或判断不良贷款率、不良贷款余额的真实性问题，可能需要考虑不同类型的银行，它们之间还是有区别的。从微观的角度看，大型银行的分行行长相对来说还是稳定一些。股份制银行这两年特别是在不良贷款高发的地区，行长变换非常频繁。刚才王司长也说了，特别像温州，这几年股份制银行的行长不是换了一轮，而是换了好几轮。从这个角度去观察，银行行长变换比较频繁，它的不良贷款率更真实，暴露会更多一点。特别是大银行，一任行长岿然不动，其维持贷款正常的手段、办法和动机会更强。所以我总的一个判断就是，等换行长之后就爆发了不良贷款，并不是基于企业营业收入能够来还款。不是因为第一还款来源很好，担保力很强，而是因为能够"击鼓传花"，所以有这么个考虑。

前几天李克强总理在一次会议上提出来的一点，我有一些感受跟大家汇报一下，提出要引导银行压缩存贷款利差，然后还要给银行业金融基层机构适当的信贷授权。类似这样的提法，以前确实是没有这么直接。这样是不是有利于去杠杆或者有利于不良贷款的化解？是不是会让不良贷款隐藏的更深？以前 4 万亿元是从数量上"放水"，现在似乎有一种导向，要在价格上"放水"，这是不是好？

## 施华强：

基于上午大家讨论得比较多的观点，我从一个基层的角度来谈谈不同的看法。一个是对当前不良贷款的判断，我从另外的视角来谈一谈，不乐观，但是取决于一些前提条件。第二个，我想谈一谈大家对不良贷款的管理。这一轮不同于上一轮，上一轮谈的主要是经济体制的转型所带来的成本。这一轮大家说，银行的管理还是要自主。主要来谈一谈这两个比较大的内容。

第一，当前账面贷款。从河北的角度，从银行大多数样本来看，其实当前银行业的不良贷款判断主要是制造业，当然占不良贷款的多大比重，与银行分类有关，但是从四大行或从五大行这个角度而言，制造业出问题，导致现在不良贷款的高趋势，这个是不争的事实。

2015 年末，整个银行业的贷款余额将近

90 万亿元，公司类贷款差不多占到 75%，个人贷款占 22% 左右，大概 7 : 2 的比例。在不同的省份有 6 : 4 的比例，但大致是 7 : 2 这样的概念。特别是去年下半年以来，个人贷款占比不断上升，在法人贷款中间，制造业贷款余额差不多占了 20%。当前，不良贷款余额恰恰集中在低位。制造业的银行贷款问题应该是当前特别高度关注的，因为中国银行业这一轮的不良贷款跟上一轮的不良贷款爆发最大的不同，或者是跟日本、美国不同的是，中国不是房地产，但国外全部是。日本到现在为止，银行的不良贷款仍然在挣扎，它仍然是按揭，当年抵押的房地产价格急剧地下降，但是中国不是。比如在 2015 年，各大行经过审计的年报数据来说，农行的不良贷款中制造业不良贷款占比是 42%，工行是 39.63%，建行的更高是 59.63%，将近 60%。这里边制造业的不良贷款集中在过剩产能，钢铁、煤炭、平板玻璃、造船这些排第一位。不良率第二位的是批发零售，但是批发零售再往下细分，是钢贸、煤贸，这个还是跟过剩产能和实体经济挂钩的。第三位是与地方政府有关的，特别是地方政府的融资平台。所以中国银行业的不良贷款目前是跟实体经济密不可分的，这也是跟国外的不良贷款最大的区别。比如河北分行的钢铁、煤炭，二者之和贷款占比大约占到整个贷款余额的 1/3，比河北的钢铁产能、煤炭产能占全国的比例是要低的。河北的钢铁产能，出钢产量是 1.88 亿吨，占全国将近 25%，生铁 1.74 亿吨，也是占到全国 25%。这两个合起来只占全国的 1/8，所以比例是大大降低的，因此不良贷款当前只是个表象。

不良贷款取决于什么条件呢？实体经济是问题的关键。制造业出了大问题，比如现在大家谈到的僵尸企业出清。僵尸企业的出清很大部分还是依赖于行政管制。各个地方政府都应该有个僵尸企业出清的名单。僵尸企业的制造如何而来？僵尸企业不是一朝一夕形成的，是经过上一轮不良贷款的大浪淘沙下做好企业活下来的。僵尸企业怎么能做到僵而不倒，怎么能一直输血活下来呢？现在僵尸企业出清又由地方政府主导，我觉得问题就特别大。

第二，是杠杆率。李老师前面开篇谈话也提到这个问题，在《经济日报》上谈到的中国去杠杆，也特别透彻。其实中国的杠杆率问题跟国外完全不一样，这也恰恰具有中国特色。比如说，欧洲、日本政府的杠杆率特别之高，但是企业跟个人的杠杆率都非常之低。美的特点是折中，政府的杠杆率高，个人的杠杆率高，企业的杠杆率低。中国恰恰是相反的，企业的杠杆率极高，但是政府跟个人的杠杆率都低。所以，企业的杠杆率高说明中国企业的债务成本是异常高昂的，跟投融资等相关，这是另外一个大话题。但是就刚才所讲，企业过剩产能的淘汰和实体经济的发展透支了未来所有能够引进的新投资，除非有大量增加的新投资，否则依靠企业的自我积累和投资研发是不可能的，这是第一点。第二点是过剩产能。如何看待过剩产能？以钢铁为例，现在都说中国有 12 亿吨，但是中国自己能用的，有人说是 6.5 亿吨，有人说是 8 亿吨。无论怎么

　　　　　　　　　　　　　商业银行不良贷款：现状、趋势与风险管理

说，我说那还是极其高的。在河北邯郸等产能重地观察的时候，钢铁产能的过剩要淘汰的时候，全部是流于形式的，地方政府也舍不得，因为投资方面也是很大的。前几年在钢铁突飞猛进的时候都进行不下去，所以淘汰的钢炉要实行炸毁，实际上，好的谁也舍不得，都在进行一种经济的维持。第三点，政府督导。今年过完春节钢价急剧上涨的时候，原来停产的要迅速恢复，这属于政府强制性，纯粹是行政干预，由中央督导，地方落实，这没有办法。过剩产能现在是个相对性的概念，不能说在这个特定的时点上，看到它过剩，就非得把它炸毁掉。产能的重新上马是需要一些时间和投资资本的，但这是另外一个话题。目前这种过剩产能没有形成全国一盘棋，本来在中国这种体制下应该做到最好全国计划。比如刚才讲到的河北占比 1/3，形成产业聚集，原材料什么的都形成了一种产业优势。那为什么不能让河北的钢铁产能保持，而有些地方上的小钢铁，不具有竞争力的为什么不关闭？因为中国目前是按省来划分，这个省淘汰多少个，那个省淘汰多少个。比如说河北要淘汰的钢铁产业可能放到很多西北的省份，它就是好的产业，是有竞争力的。第四点，从分析角度看，中国淘汰产能，实行 T 字产业，就是日本之前提出的变形经济。本来变形经济中国也是最有优势的，东部、中部不行了，往西部转移行不行？在西部解决就业，解决当地的财政收入行不行？中国不做，而且我个人认为中国这方面已经长期透支了。中国实行 T 字转移其实已经不可能，因为中国东部、西部长期占有的优势，靠往西部转移成本，但是只转移成本，没有转移长期的收益。中国的高速经济成长已经40 年了，40 年已经在全世界创造了经济史上的奇迹。原来说日本创造了 20 年的高速增长已经是世界上的神话，而中国已经创造了 40 年的增长，所以目前这个条件下还是比较悲观的。中国现在承认 L 型增长，中国正在经历一种高速增长的回落，投资回报率下降，吸引资金不断减少，企业自身没有办法进行技术改造和创新。

第一个判断就是实体经济出了大问题，这个问题可能会长期持续存在，会让银行的不良贷款受到影响。第二个判断是不良贷款对房地产的影响。虽然中国这一轮房地产没有成为不良贷款的高发地，但是不排除未来它不会成为高发地。房地产的杠杆率极高，房地产企业对自身资金的依赖极小，这部分不再细说。第三个判断，在银行内部的不良贷款，这一轮出现了很多新的特点，我稍微做个补充。上一轮的时候大家说到三南三北、西部、东部是好的，可是这一轮不良贷款的爆发，就是因为实体经济和外向型经济出了大问题。这一轮恰恰是东部沿海的工行、农行、建行，比如浙江、江苏、山东、福建这些大行好行先出问题。现在是好行加西部，比如云南、陕西、内蒙古、湖北这些原来想都想不到的地区。所以比如在河北省内部，农行内部，并不是说所有的行都出了问题，有些行的不良率比如廊坊很低，不到 1%，那么它什么地方出问题了？比如唐山的实体经济跟过剩产能，邯郸也是一样的。所以我的结论是，账面不良贷款率不算特别高，不值得担心，值得担心的是潜在的不良贷款率。就是实体经济这部分，制造业、房地产。

还有一个主观上的原因，就是银行为什么不愿意暴露？怎么能够不暴露？刚才王毅是从投行的角度去分析隐含的不良贷款率，从股价、市场，前提的假设是市场能够很理性，这个银行本来就是备受欢迎的，没有什么特别多的分散，实际上不是这样子。在银行高涨的时候，银行股很长时间就一直被低估，他说的观点，我可能有点不同的看法。四大行改制成功以后，很长一段时间银行股的股价是低于它的净值的。这个很奇怪的现象反映了一个市场对银行可能前瞻性地反映了整个市场的风险，可能一直把银行作为一个晴雨表，但是银行内部确实做了很多的工作，从主观上把这个账面不良降到了最有可能控制的程度。大家刚才观察的一个逾期跟这个不良贷款，还有就是关注类贷款跟不良贷款这两类，还是有很多文章可以做的。尤其是银行贷款的重组，做了大量的工作。

现在我有个整体的感觉，经过这 20 年的改革，银行业实际上又回到了原点。这个可能说得有点夸张，但是我有两个方面的观察，2004 年、2005 年在银监会的时候，向商业银行授信、指引，当时我是主要参与者之一。当时做的时候看到中国的银行的实际经营和实践，简直是不可救药，所以当时拿汇丰、花旗银行好的做法来做参照，专门做了授信工作尽职指引。当时觉得做的很多规范特别细致，就把它作为附件放在后边，前面做原则要求。但是在实体经济出了问题以后，经过这一轮的经济调整，商业银行尤其是各大行在实践中原来所坚持的一些东西，现在几乎全线丧失。比如第一，借新还旧。改革以后是完全不允许的，只能是还旧借新，而且还旧还要看你的第一还款来源是不是主业的现金流，现在这点不仅不坚持，而且还要鼓励。第二，展期和逾期。有一些企业露出了一些苗头，出现了一些逾期的时候，不足以进入不良，这时候要迅速地给它展期，这个展期往往是一年。第三，有一些银行在实践中开始用到以贷收息，这个比借新还旧更隐蔽些。还有就是担保圈、担保链，大家对它视而不见。只要担保链不出问题，大家对担保链的企业，视而不见。还有就是民间融资、影子银行的问题。

**李麟：**

我想从两个方面谈一下对不良贷款的认识。以前我是在信贷管理口，是在风险口，现在在战略口。从以前风险、风控的角度看，对风险是一种认识，但是如果从发展的角度看，我的认识与在座的有一点差异，那么这个差异主要体现在什么地方？

我认为现在的体制特征，跟国际上的有很大差异。我们在和国际接轨的过程中，会出现一种问题——我们的表述说我们是市场化，但是我们的内部管理和整个的运作机制是非市场化的，这个差异就导致我们在对不良资产的判定和说法上，与国际就会有非常大的差异。这个差异的背景，是中国经济增长之谜和中国银行业的增长之谜，以及中国的不良贷款之谜。刚刚王剑讲的内容，我听得非常仔细，我觉得虽然其中的分析与我可能不太一样，但是结论中有一点，我与他非常相似，中国银行业不论发生什么，它的前景可能是世界各国银行业中最好的，原因就是不管做情景分析，或者是敏感性分析，中国银行业的 ROE 等一类指标还是全球同业中最高的。近期三类银行业的排序，尽管外国唱衰中国银行业，中国的银行业还是出类拔萃的。

## 李扬：

这些人唱空中国是故意的。最近我出国开会，遇到很多国外机构在大说中国经济如何如何不好，如何如何要"硬着陆"。我忍不住反驳道："你们有什么资格对中国经济说三道四？就算中国经济增速落到 4%、5%，在这个世界上依然是最好的。"

当然，我们不要太张扬，心里有数就行。大家知道，习主席最近召开了一次经济学家座谈会，在会上谈及中国经济增长，他说了两句意味深长的话，一句是："我国经济即便不调控，也不会滑到哪里去。"

另一句是:"即便我们下落到 5%, 在这个世界上依然是最好的。"我以为, 从国际比较上看中国, 我们应当有此认识。

### 李麟:

近期三类银行业排序, 我们也在做一个跟踪。以前的时候我们是盯着风险看, 是零容忍、零缺陷, 这就导致了我们零战损, 从而使我们拒战、厌战、不善战。但是反过来看, 中国银行业在整个中国经济发展的过程中, 是在算一个账, 是"杀敌一千自损八百"还是"杀敌一千自损两百"。这种算法, 就符合发展和风险的关系。从这个角度看, 中国银行业的发展壮大是有中国特色的。所以, 就不能只是盯着报表、不良贷款率看。

中国的不良贷款率是由两个主要因素决定的, 一是周期性因素, 二是政策性因素。我在工行信贷管理的时候, 当时别人说我们是技术上破产, 因为我们有些行业百分之七八十的资产都是不赚钱的, 肯定技术性破产。但是, 是什么原因导致的这种情况呢? 是因为从改革开放以来, 就从来没核销、没冲减过。政策不是当年核销, 所以风险就没有很好地进行覆盖, 经过 N 年的拉长、积淀, 我们肯定破产, 如果当时按照西方的算法算, 我们不见得很差。要是真的很差, 难道是国际投行傻了, 股改的时候猛投, 我们都很清楚这种算法是有问题的, 如果把它分摊到各年, 加上清除转化, 我们的不良还是国际水平。所以我想这个问题, 我们的不良是个政策性因素。

包括我们之前讲过的许多事例，国际上的巴塞尔协议规定的是成熟的、是政策不干预的。我们银行业的不良贷款的成因，是政策的严重干预。经过资产管理公司一处理，我们的不良贷款率从全球最不好，变为全球领先，这是我们在变戏法，也是我们的独到之处。我们的资产充足率经过这么一变戏法，我们的资本很充足了，这是中国特色，没办法和国际同行直接比。我觉得在这一轮评价银行业的作用期间，其实中国商业银行立了很大的功，受了很大累，但最后得到的还是不公正的评价。中国银行的不良贷款率是"打碎牙齿往肚里吞"，比如中国银行业受了七颗子弹，对外只说受了一颗子弹；总理问中国银行业撑得住撑不住，每次都是说撑得住；总理问不良贷款率怎么样，从来都说很好。到现在，大家发现中国银行的不良贷款率确实被低估了，为什么呢？中国银行业的优点是不张扬，缺点就是太不张扬了。

中国的不良率，通过我的分析，比王剑预测得还高，因为统计口径不一样。举个简单的例子，比如说我们现在算不良，大部分是信用贷款的不良。我昨天在飞机上看见一个报纸报道"东北特钢债转股"，现在大家不同意债转股，银行是吃亏的，为什么？因为你必须是清算破产，你破产以后不良怎么办，用贷款顶，这一类的不良贷款又算到信用里，算到信用里的不良贷款肯定比目前的还要高，所以从更大的范围看，不良贷款率肯定比这个要高。但是这个高的背后是什么？我之前说了是政策性因素导致的。以前借新还旧，以前的展期，以前的以贷收息、停息挂账、停息财政补贴及贴息，这些因素算进去之后，对贷款质量的影响非常大，这是一个政策性因素。

从报表上来看，这是一个趋势，中间好多事情，可以下面商量。我们算大账，中国银行业是世界一流的。这一次三类指标中核心资本，前 10 名中 4 家是中国的，前 1000 名中 11%、12% 也是中国的，这次是为祖国争了光。但是在政策上，我们发展直接金融，降低间接融资，实际上是不符合中国国情的。中国银行业在政策上没得到多少关注，但是在背包袱、承担改革的成本上，背负了沉重的包袱，不良贷款率就是个集中、突出的表现。

### 李扬：

你这里提出了一个十分重要的问题，就是提高直接融资比重问题。我一直对这个命题的合理性存有疑问。回想一下，提出这个命题，至少有 20 年了，可是结果如何呢？直接融资的比重基本没有提高。年年说，但似乎永远做不到，我们就必须考虑这个命题的合理性。应当看到，直接融资比重较高，这个在世界上恐怕只有美国一家。我们怎么能把独一家的经验当作普遍性来加以效仿呢？另外，间接融资为主，就那么不好吗？日本、欧洲很多国家，都是市场经济，但也都是间接融资为主，那里的经济不也发展得不错吗？这就告诉我们，市场经济事实上也有几种模式，我们不讲条件地学美国是有问题的。

另外，我很早就说过，直接融资和间接融资这一对概念，在学理上的科学性是可存疑的。大家不妨去看看，在全球最权威的《新帕尔格雷夫货币金融大辞典》中，就没有收录这一对词条。其实，这一对概念，主要来自日本，而且，日本很快也不用了。我们这里把这个当作大事，年年写进中央文件，其合理性值得怀疑。

我们有时间的话，建议讨论一下这个问题。

### 李麟：

现在的症结是中国改革不能深化导致的金融泛化，改革不能深化的症结就是资本市场不能深化，导致的金融泛化就使银行系成了主渠道，进而不断泛化。银行系的优点就在于承担了中国改革的推进职能，融资难融资贵的问题老让企业告到中央，银行业成天挨板子。银行太实在了，"杀敌一千自损八百"，但给中央只上报两百，也不敢再多报，报上去了又感觉是自己无能，更大的金融风险就是银行体系评级降低。现在是主渠道对银行评级降低，对整个金融体系评级就会降低，银行都在扛着。证券行业总是锦上添花，经济好的时候喊得很凶，到这个节骨眼上，它们就不吭声了，谁在扛着压力？是银行系。所以我觉得经济 L 型，十年到二十年，短的话五年到六年，发挥银行主体作用时间还很长，我觉得还是要关注雪中送炭和默默无闻的银行系，尽管我们有缺点。最后提四个建议：第一，中国银行业的发展是符合中国经济发展特色的，是整个体制机制转型的结果，所以中国银行的特色之路是值得国家智库研究的；第二，现在的情况是我们有自己的文化和市场的基础，不能按照西方的口径分析我们的银行，我们要走中国特色之路，在世界银行业中增加我们的话语权；第三，大陆法系下中国金融业未来根本上要采取市场行为，企业的融资以间接融资为主，不是说政府偏好直接融资就以直接融资为主；第四，政府要考虑市场因素，比如之前提到的债转股的事情，上一轮债转股，政策是兜底的，因为政策失灵了，政府的手伸进来，那你就一定得兜底。这一次市场失灵了，让金融业自己到市场去转，政府还不兜底。

**王刚：**

首先感谢国家金融与发展实验室的邀请。谈这么几点吧。

第一点说下债转股的问题，我很赞同李老师所说的在去杠杆的过程中国企和民企要同等

商业银行不良贷款：现状、趋势与风险管理

对待。因为最近我们在做民间投资下降的研究，看了一些第三方评估，同时在做外贸增长这一块的研究时，能看出来民间投资的这个趋势是很让人担心的，到四五月的时候还是个增速同比下降，到 6 月的时候就是绝对数目的下降。在这个过程中，如果企业不了解债转股具体政策，如果最后这个政策明确规定只是针对国企，这对民间投资又是一个非常大的负面的信号，这一点要高度关注。在 4 月初财新报道之后，具体的方案我们也没有看到。但是其中一些具体的细节设计是非常关键的，比如说谁来定、怎么转，转哪一类的贷款，是正常类还是不良类，这一块要对银行有一个合理的激励。再有一点刚刚胡总也提到了，债转股的操作主体，应该是以资产管理公司为主。事实上今年 3 月底在信达资产管理公司总部做过调研，了解这么一个情况，按照他们的说法，每年最大的处理能力大概是 300 亿元，我们乘以 4 再打个折，因为它相对大一点，四大资产管理公司一年也就处置 1000 亿元，我们第一批要转 10000 亿元，在这个过程中靠我们四大资产管理公司就要 10 年，领导就等不及了，所以这里面的一些细节要和市场充分沟通。

第二点，我很赞同之前巴劲松提到的不良贷款率的这个指标只是反映银行信贷风险的一个指标，而且内在的前瞻性不够。我在 2013 年、2014 年的时候写过一篇信用风险的文章，里面提到了隐含不良率，也包括压力测试的使用，作为一个更有前瞻性的风险揭示的工具。

第三点，从不良贷款率的角度来看，我们应该考虑是否应该完善一下规则。在2013年的时候，我在银监会看到这个贷款风险分类指引要修订，但是到目前为止也没有看到。我认为修订本身是必要的，我们当时在做那个研究的时候看到逾期多少天应该列入不良贷款，在指引这个层面下，各个银行在具体操作的过程中有自己不同的标准，不知道现在这个情况有没有改变，我认为规则的完善是很重要的。

第四点，刚刚看到曾老师的PPT，我看到一个很明显的现象，金融资产的风险分布在快速发生一个重要的变化，我们银行很多信贷资产在表内占不到一半。在这样一种情况下，事实上风险监管全覆盖的工作就面临很大的难题。我们知道前一段时间中国人民银行提过综合统计指标这么一个体系，我不太了解现在进展到什么程度。刚才李老师提到表外的影子银行水很深，非常对。但现在的问题就是水到底有多深，我觉得我们要想一些办法去测度一下，因为现在一个最大的风险就是底数不清、不透明。在这个过程中我们可以借鉴美国的金融研究办公室的一些做法和经验，它们在金融市场不同行业之间统一一个数据标准，这一块我们国家金融与发展实验室可以和它们做一个对应的标准，在这个基础之上做一个相关的研究。"一行三会"之间去协调统计一个数据，客观上来讲还有些不方便。国家金融与发展实验室作为一个国家级的智库在这方面有很大的空间。

第五点就是要适当地提高我们国家经济增长目标的容忍度。根据我们调研各部委各地方政府来看，实际上在国务院部委还有地方政府执行的层面，压力还是很大的。根源是"十三五"期间经济总量要翻番，经济年均增长不能低于 6.5%。我个人认为，问题不是我们多少年能走出 L 型，关键是 L 型到没到底点，我们会走到哪一点，中间的轨迹是怎样的，这是更加重要的问题。如果我们的容忍度能适当地提升，这样的话具体到银行来讲就不用努力去考核利润率，有助于揭示一些更真实的信息。不要绷得太紧，以免风险的产生。

## 邵长毅：

简单说几点，我从更广义的风险处置开始讲起。不良资产的处置是一个议题，风险处置国际上讲得比较多的主要是潜在的风险，是影子银行的风险。实际上银行体系比较简单，更深入的问题风险处置不仅仅是金融问题，还有宏观经济稳定的问题，还有就是经济转型的问题，这些问题需要深入地探讨。现在的处置基本上从政府到监管当局到学者都认为是必要的，国际经验讲处置要尽快做，就像一个冰棍一样不处置很快就化了，处置要越快越好。

第二，听了李老师的开场白我有一点体会，四十年运行积累的坏的东西和杂的东西，要通过这个机制处理一下，胡总搞了这么多年处置，这是一个非常深的立意所在。提升不仅仅是对不良资产的处置，还有大的市场体制的一些问题，包括可持续性的问题。还有一个非常时髦的问题，叫绿色金融，通过这个东西能不能把它变绿了，绿得环保、持续。

还有一些问题国家发改委的领导也在说，银行行长一换，不良资产就暴露了，因为要考核银行新行长了，之前的都被暴露。刚刚王司长讲的，如果银行行长不换，就不会产生不良贷款。所以说中国的问题非常复杂，一个微观的问题也有不同的解释。

第三，就风险管理来讲，我回忆当时参加巴塞尔委员会讨论的时候，工具中违约率考虑了很复杂的因素，顺周期、逆周期都考虑了，但现在巴塞尔委员会有一些调整，太复杂的东西不能用，还是用很简单的杠杆率。

## 李扬：

他们对银行的杠杆率的衡量，用的是很严格的标准，即资产对权益的比率。现在我们谈杠杆率，用的是债务对 GDP 比率，这样的含义不甚清楚。债务是存量，GDP 是流量，存量同流量比，其经济含义不清楚。但是，衡量企业的杠杆率，可以严格地计算其债务对权益的比率，要扩展到国家整体，就很难做到。对于国家整体而言，债务是好计算的，其权益是什么？没法计量，所以就退而求其次，用债务比上 GDP，我说的意思是，这样的杠杆率，只有有限的分析意义。

**邵长毅：**

第四，我听刚刚王司长讲的，地方上的处置有很强的综合实力，包括公检法，但是确实也需要统一。河北的钢铁，那些落后的钢是不是做一些综合性的工作。比如说我们现在做绿色金融，什么是绿？什么是绿的标准？外国投资者非常感兴趣。刚刚胡总也提到中国全民都搞不良资产处置，这就搞得非常复杂，我们想通过一些国际经验，搞一些公益性的机构，把国际标准引进来，和地方政府投资基金衔接来做，可操作的空间很大。

**唐岫立：**

非常高兴有机会参加今天的群英会，放眼望去都是我们战略发展研究分析方面的大咖，有一

些是我之前在银监会的同事，还有一些是我在群里面认识的，我们之前也有过很长时间的交流。

我之前在温州工作了几年，温州因为温商而名震世界，而这次的温州金融危机则把温州的脸撕开了，我们看到了温州的好多弊端。去年我出版了一本书，名叫《挥不去的梦魇》，副标题是"商业银行之不良贷款"。谈了谈中国不良贷款的成因，包括温州金融危机爆发的原因，我都做了比较详细的说明，我更重点涉及了新增不良贷款的产生，如果大家有兴趣的话可以找来翻一翻，提一些宝贵的意见。

今年，我从温州银行辞职了。有几家民营企业高薪聘请我做它们金融板块的副总裁，我兴高采烈地和这些民营企业接触的时候，确实发现了很多问题，所以直到现在我也不敢入职，我觉得我的犹豫还是对的。我们可以看到很多体制内的人奔赴民营企业、奔赴互联网金融公司，现在已经多次易主了。我这半年"浪迹江湖"，各种各样的金融人士我都打过交道，我忽然发现中国金融机构就像义乌的小商品一样，琳琅满目，各式各样，不仅参差不齐，而且鱼龙混杂。我今天就讲几点补充意见。

第一，我特别同意李扬老师的观点，对不良贷款的批量处置，一定是一边处置，一边改机制。因为从温州的危机爆发的原因来看，人祸是大于天灾的。刚刚我们几位专家也分析了我们危机爆发的原因是内部管理的问题，从我接触到的地方上那些中小金融机构的情况来看，不良贷款的成因超过 60% 都是内部管理出了问题，而且原因很简单，就是贷款"三查"不到位，甚至有些内部的人员帮助企业怎么造假，把贷款拿出去。

第二，不良贷款的数据的真实性是什么样的情况呢？刚刚王毅司长也谈到了温州的不良贷款率公布的不到 5%，那么这个数据是怎么得到的呢？是因为市政府明确要求不得超过 5%，所以所有的机构都按照这个数据来做，温州的各种分支机构的行长都换了好几圈了，但温州当地的法人机构，不良率都在 1% 左右。

原因大家刚刚分析了两种情况。第一种就是王毅司长说的，为了稳定，不换反而稳定。我们从大的方面看，市场上对不良贷款概念的理解是不太一样的，一种是我们计算分类的后三类叫作不良，还有一种就是些非专业的人士他分不清不良和损失，他们把不良就当作一种损失，按照我们五级分类里面的，我们是把不良贷款先分级，后三级成为不良贷款之后，我们再对它们进行处置。实际上很多银行是先处置，实在是处理不了了，实在是转化不了了，实在是缓释不了了，也掩盖不了了，我们才把它们变为不良贷款。实际上可以近似地理解为，现在我们理解的不良贷款的数据，是我们理论上不良贷款的最后一类，也就是损失一类。我们从正常年份的数据来看，损失类的占到不良贷款的 5% 到 10%，所以我们把不良贷款率的数据乘以 10~20，这是一个正常年份的比较理想的不良贷款率。

还有从市场上的情况来看，大行的不良率比小行高，大行都在2%以上，而这些小行都在1%左右。我们都知道，人才在大行，我觉得相对来说大行的管理水平、风控水平更高一些。那为什么不良率还高呢？大行的不良率还接近真实水平一些，小行的不良率就不可信。

第三，我们不要纠结于数据，国际上那些现行的数据标准是他们的经验，拿到中国来，不能实际地反映我们中国的情况。比如当年国企改革的时候，我们拿国际上的资产负债率、流动比率、速动比率和中国的企业做比较，按照欧美的标准，资产负债率超过50%，这个企业就要倒闭了。但是中国的企业，别说超过50%，超过100%的活得也挺好，最经典的例子就是四大国有银行，现在焕发生机，成为世界上最有实力的机构。所以我觉得也不要太悲观，我们银行系的主体还是大行。我们对数据有所隐瞒，是为了稳定公众的信心，是为了稳定市场的信心。总理也说信心比黄金还要重要，所以我还是对我们国家的银行业发展充满信心的，因为我们有一个伟大光荣正确的党。

# A 股上市公司盈利分析与预测（2016）

北京，2016 年 9 月 25 日

2016 年 9 月 25 日，国家金融与发展实验室召开了《2016 年上半年 A 股上市公司盈利分析报告》发布会。报告指出，上市公司总体的盈利在 2016 年上半年有一个反弹，近四年上半年同比走出 V 型结构。具体分三个板块来看，盈利趋势和逻辑是完全不一样的：主板受房地产市场的影响，盈利情况和总体大体相似；中小板主要受原材料价格红利的影响，营业收入和毛利比主板好一些，核心利润和净利润强力反弹；创业板主要由于消费升级、产业结构转型等原因呈逐渐上升的趋势。

**主要出席嘉宾：**

李　扬　中国社会科学院学部委员、国家金融与发展实验室理事长

张跃文　国家金融与发展实验室资本市场与公司金融研究中心主任

吕　峻　国家金融与发展实验室资本市场与公司金融研究中心高级研究员

## 主持人 ／ 李扬：

大家上午好。今天国家金融与发展实验室召开一个成果发布会。实验室从去年 11 月中央批准之后，开展了一系列的工作。我们的会议分三种类型：第一个是"智库讲坛"，是讨论重大的经济金融问题；第二个是国际论坛，是面向全球的，类似于国际会议的形式；第三个是大型会议，一般在酒店召开，面向全社会。今天，我们开始第四种类型的会议，即成果发布会。我们有成文的成果，将以此和媒体沟通，然后通过媒体来进行宣传。我们尝试下这种形式，也非常欢迎和感谢媒体朋友的到来。

今天，我们的主题是"A 股上市公司营业分析预测"。说起来，它只是诸种经济和金融活动的一种。但是，在今天的形势下，它有了多样化的含义。8 月，国家统计局公布了新的宏观经济数据。从数据看，形势好像不错。但是对这种形势，可有不同的解读。概括起来，大概有三种解读。第一种解读是总的经济继续下滑的方向没有变。现在的这种情况只是一些偶然的、不可持续的因素造成的，其中，房地产以及围绕房地产采取的措施，起到很大的作用。数据变好了，让我们聊以自慰，但是很有可能长期恶化经济复苏的基础。这是一种看法。第二种看法就很乐观，认为数据反弹了等等。第三种看法把目前的形势和中国更为复杂的，同时也是最为重要的政治形势联系起来讨论。大家知道，马上召开的十八届六中全会，是十八届中央委员会最后一次会议。然后酝酿十九大，这对于中国来说是无比大的事情。为了六中全会和十九大的顺利召开，十八届中央委员会能够顺利过渡到十九届中央委员会，当然需要营造一些比较好的社会经济环境。也有人解读为这样一种情况。

我比较倾向于第一种。我们还是认为国内和国际的形势处于深度的调整过程中。国际形势，一般用长期停滞来概括。国内的形势，有现成的权威的词，叫"新常态"。根据历史经验，长期停滞可能停滞20 年。如果我们这次长期停滞从 2007 年危机算起，至今已经 8 年。大家都很清楚，全球经济形势至今没有任何的好转。最好的应该是美国了，它的标志是美联储反危机的货币政策恢复正常。媒体比较关心它是不是加息。其实，准确地说是美联储的货币政策恢复正常，包括利率回到它正常的水平，更重要的则是美联储的资产负债表的规模要回缩到正常的状态，另外还包括它的量宽停止、量宽回收。现在，美联储充其量只做到了量宽停止。在它操作的过程中，是进两步退一步，进一步退两步，形势非常复杂。对这一点，党中央、国务院，习总书记和李总理多次在多个场合都谈过，他们都认为，全球经济还在深度调整，深度调整延续了这么长时间。国内也是这样，国内叫作"新常态"。习总书记刚提出来的时候，大家还不能很好地理解。随着时间的推移，大家对"新常态"就有了更多的理解。它强调了两个要点。第一个是"新"，就是和过去 30 多年不相同。过去 30 多年是高速增长，官方统计 GDP 年均增长率是 9.8%，其实不止那么高，我们与中国人民银行调统司的分析显示，中国过去 30 年经济增长率年均在 10% 以上，这在世界历史上是一个奇迹。"新常态"的"新"就在于这种好日子没了，我们要习惯于 7% 或 6%，接受一个增长速度不断下滑的新情况。我们院的经济所做的预测，经济增长率在不断下行，到 2030 年大概下降到 5.5%。第二个是"常态"，即这种状态会延续很长一段时间，不是三年两年。当时习总书记讲这番话的时候，直接针对的就是地方领导觉得现在的困难是短期的，过几年就又回来了这样的一种战略思维。他要大家适应这种新的变化，要做长期的准备。其实，我们的"新常态"概念与全球经济的长期衰退是互相映衬的，从经济增长速度来说，都是在不断下滑。

当然，速度绝非中国经济形势的全部，我们一定要看到，速度的下滑同时带来了效率的提高、环境的改善、可持续性增强。我们在认识中国经济的时候，不要只看到增速下滑这个悲观的一面，还应该看到效率、环境、可持续性大大改善等乐观的一面。这样的背景，对我们展开多方面研究，对经济形势做出切实判断是非常重要的。

在经济研究中，对企业的研究居于关键地位。经济活动是由居民、企业和政府共同完成的，但生产则是由企业来承担的，至少它是处于供应者的地位。所以，企业的状况如何关乎经济的整体状况。在对企业的研究中，如果能覆盖全部企业的全部状况，当然最好，但这样是做不到的。于是，对其中具有代表性的一个群体进行认真研究，便显得更为重要。毫无疑问，A股上市公司就是这样的一个样本，它肯定具有跟整体经济相同的特征。当然，因为是上市公司，也会有一些系统性的差别。只要认识清楚它代表的大趋势，同时记住还有一些系统性的差别，我们就可以从这个样本中，推断整个实体经济。对于今天发布的成果，我希望大家从这个角度去认识它。

发布会之前，我问跃文："上半年上市公司盈利情况如何？"他说，盈利好转，但是一半以上归因于房地产市场的膨胀。这个事就非常令人不安。我们这个分析几乎和统计局上半年的经济分析完全契合，微观部分和他们的宏观部分完全契合，因为上半年我们经济的好转相当程度上跟房地产繁荣有关。这个情况我听起来就有些忐忑。纵观世界，从20世纪70年代以来，主要的危机都是由房地产市场引发的。这一轮危机被叫作次贷金融危机，也是房地产市场上的金融危机引发的。大家知道日本有所谓"失去的二十年"，到现在失去二十多年了，也就是一个房地产危机搞的事。美国在这次危机之前，比如说储贷危机也都是房地产市场危机。世界上，宏观的危机不跟房地产有关的也就少数几个国家。我印象中，德国发生的危机跟房地产关联的就比较少，德国是不鼓励买房的，而是鼓励租房。

我就简单说个开场白。一是，我们会议的形式，以后欢迎各位常来参加。二是，今天这个研究很重要。以后每年都会有三个季度报告加一个年度报告，季度报告可以简单一点，最重要的数据、重要的认识要迅速地送达媒体、送达中央。这样就会逐渐完善我们的制度供给。我就先说到这里，再次对各位的到来表示感谢。

### 张跃文：

感谢李老师的介绍，我想用比较短的时间稍微给大家介绍一下我们的研究工作、我们的初衷、目前的进展情况，以及后面的一些安排。

我们中心主要是以资本市场和企业融资问

题为研究对象。在宏观上，我们更关注资本市场的发展和改革问题；在微观上，我们更关注上市公司这个群体和这个群体的活动所反映出来的宏观经济形势，还有通过这个群体的数据分析，能够为中央提供一些政策性的建议，有利于企业发展和实体经济发展的政策性建议。以上就是我们中心的主要职能。

正是出于这样一个职能，从资本市场健康有序的发展方向上，我们觉得应该做一些事情。作为一个国家的研究机构，我们有研究的职能，同时，我们也确实看到股票市场中的一些问题。我想各位媒体朋友也都很熟悉我们现在的股票市场，它主要是靠什么样的信息来投资的，大量的基本面信息实际上没有得到充分的重视。股票在交易的过程中，存在题材炒作和概念炒作。当然，我们不否认真正决定一只股票价格的因素，主要是未来因素，但是未来是建立在过去和现在基础上的，如果完全忽视个股基本面信息的话，对于一个投资者来说，他可能掌握的信息是不完整的。但另一个方面，我们又看到，现在市场上不是信息短缺，而是信息过剩，甚至是信息爆炸，投资者每天面对大量的来自上市公司的定期和不定期的公告信息，市场交易数据的信息，还有各种各样的小道消息，非常多。我们的工作就是希望用我们研究的能力和我们机构对科研工作的支撑，帮助投资者能够在比较短的时间内，用浅显易懂的文字来看到、阅读到，或者听到对整个市场，特别是上市公司基本面信息的解读。所以我们从 2014 年开始发布上市公司的景气指数，用一个简单的指数系列来告诉大家，刚刚发布的上市公司的财务报告所反映出来的上市公司群体在经营活动方面的景气程度。虽然背后有大量的研究和指数编制工作是由我们来承担的，但我们呈现给大家的指数产品是浅显易懂的。从去年9月起，我们开始提供《上市公司盈利状况分析报告》，因为市场投资者都很关注上市公司在盈利方面的变化，我们希望能够以简单的文字向大家传递刚刚发布的上市公司盈利数据和盈利趋势变化的背后有哪些原因。这是我们能够提供给市场的一个很重要的产品。

在这个过程中，我们也一直希望能够跟媒体建立一种常态化的联系和互动，因为我们的这些研究成果是持续发布的。从目前来看，上市公司景气指数是紧跟上市公司季度报告，上市公司季度报告发布之后，景气指数基本上一周左右的时间内就可以发布。上市公司的盈利状况分析报告，也通常是在季度报告全部发布完之后的大概两周时间内发布。目前主要是集中在下半年，9月中旬和11月中旬，我们会分别发布。这是因为上市公司信息披露时点的特殊性，年度报告要第二年的4月30日才能全部发布结束，这就导致我们可能要在5月才能发布前一年全年的盈利状况，感觉时滞上有点长。当然如果媒体认为很重要，市场投资人认为很重要，我们也可以后续发布一下这样的信息。

除了提供公共产品之外，我们还希望所提供的研究资料能够为各方面人士分析宏观经济形势，以及考察国家宏观调控政策引发的上市公司经营层面的变化。检验这些政策是不是有效，或者哪些政策需要调整。我们希望通过分析这些微观数据得到一些制定政策的依据。

以上研究工作的意义体现在：一是作为国家的研究机构，这是我们必须要履行的职责，为社会公众服务；二是希望通过我们的工作，以及与媒体的积极互动和配合，能够向资本市场传递正能量，强调更多基本面信息的价值，倡导理性投资和长期投资；三是助力普惠金融，实际上就是让普通大众能够以比较低廉的成本、比较少的时间、比较少的精力获得可能和机构投资者差不多一样的信息和研究产品。提高个人和中小投资者获得信息和分析信息的能力。

我们前期的研究工作和成果发布，都是在国家金融与发展实验室资本市场与公司金融研究中心完成的，李扬老师给予了大量指导和实质性帮助。今天发布的报告，李老师也在前面总结了一下，如果说拿掉房地产这个行业的话，可能我们上半年总体的形势比去年有所好转，但是好转的幅度不会有那么大，这是一个总量的概念。第二个是结构方面的概念，我们的报告中已经把中小板、创业板和主板上市公司分离开来，作为三组数据提供给大家。从这三组数据中，我们能够看到，集中了大的国有企业、大的周期性行业内的企业这样的主板市场上市公司，其整体经营状况和创业板、中小板相比，有比较大的差距。如果只看中小板和创业板的话，上半年的经营状况，应该说数字是很亮丽的。这也从另外一个角度反映出来，我们在整个经济新常态下，产业调整的一个大的方向。我们可能需要有更多的中小板和创业板这样的上市公司能够加入上市公司的队伍中来，或者我们应该在宏观政策上，特别是产业政策上，更多地引导企业进入这些更具有加快转型意义的特殊行业中来。这是一个结构特点。第二个结构特点是从行业角度来看，上半年，医药、汽车、计算机、文体娱乐这样的行业在投资和经营状况方面出现"两旺"的局面。一方面，在宏观经济的总体走势上，我们看到经济增长在下行。但是，另一方面，一些具有转型意义的特殊行业，在投资、营收、利润方面都有大幅度的增长。在分析宏观经济形势的时候，这些微观数据，增强了我们加强结构调整，在"三去一补一降"方面做更多工作的信心，这是一个基本结论。

在政策意义上，总体而言现有的产业政策是有效的，但某些方面还需要加强。对于不同行业、不同企业群体要有差别性的支持性政策。从货币政策来看，"大水漫灌"式的、过度宽松的货币政策很显然是不必要的。房地产市场的大幅上涨跟宽松的货币环境还是有一定关系的。另外，从资本市场结构调整上看，我们认为中小板和创业板市场还是有机会进一步扩容。一方面是上市公司数量方面的扩容，另一方面，中小板和创业板上市公司做大做强方面，需要更多的支持性政策措施。最后一点需要强调的是，这个报告可能会有一些讲不到或讲不透的地方，希望媒体朋友多多包涵。我们会在今后的工作中逐步完善。

过一会儿，吕峻老师会系统地介绍这份报告。此后，我们安排了跟媒体朋友互动的时间。在此过程中，大家发现有什么问题，欢迎提出来一起讨论。谢谢！

## 主持人 ／ 李扬：

下面有请国家金融与发展实验室资本市场与公司金融研究中心高级研究员吕峻发布《2016 年上半年 A 股上市公司盈利分析报告》。

## 吕峻：

报告出来的比较仓促，有些东西不能满足大家的欲望，希望在后面的沟通中大家提出来。另外，由于时间的问题不一定分析得很透。下面我把整个分析成果给大家汇报一下。

首先我讲一下做这个报告前期的准备工作。因为分析上市公司盈利变化情况必须要有一定的时间段，为了在一定时间内可比，并且能够反映实体经济总量和结构的情况，我们选取了 2271 家 2012 年以前上市的非金融类 A 股上市公司，选取过程大概有三个步骤：第一，把金融类剔除掉；第二，因为时间段的问题，把 2012 年以后上市的公司剔除掉；第三，为了维持数据可比，剔除掉近年有重大重组的公司。

第二个准备工作，为了尽量反映上市公司盈利的真实情况，把上市公司的盈利表稍微做了变形来分析。我们把上市公司的利润分成两部分：一部分是核心利润，营业收入减掉期间费用就是核心利润；另一部分是非核心利润，持有资产的收益和损失加营业外的收支是非核心利润。这是我们前期的准备工作。

再给大家介绍一下上市公司的盈利情况。首先是上市公司总体的盈利情况，在 2016 年上半年，营业收入、毛利、核心利润和净利润都有一个反弹，近四年上半年同比相当于一个 V 型结构，2015年应该是最差的。但是 GDP 增长率曲线和这个有点差异，我现在一直在琢磨这个问题，为什么今年上半年盈利情况好转了，但是 GDP 还是在下滑？有可能是因为房地产市场一枝独秀，其他行业特别差，但其他行业上半年也是有一些好转的。这是一个总体的盈利情况。

我们下面分三个板块看。主板的情况跟总体的差不多，因为上市公司 80%~90% 的总量是在主板市场，但主板市场跟总体有一些细节的差别，在 2015 年 V 型的底部是非常低的，比总体的底部低，2016 年上半年反弹的力度非常弱。

中小板方面，营业收入和毛利是一个 V 型结构，比主板好一些。核心利润和净利润，在今年上半年有一个强力的反弹，强力反弹的原因在于对于中小企业板来说，经济不景气的时候原材料价格下降，这些企业现在还在享受原材料价格的红利，万一原材料价格上涨，原材料价格的红利可能会消失，会对企业的盈利造成影响。为什么中小板上市公司原材料红利最高？因为主板公司很多就有原材料，例如采矿业、煤炭、技术开采这些企业，创业板主要是制造业、高科技和服务类的，它的成本结构里面不包含中上游的产品。

创业板的形势跟中小板又不一样，中小板是 V 型，创业板是逐渐上升的趋势，在 2015 年因为总体不太景气有一个徘徊，稍作休息之后 2016 年上半年又上扬。但是跟中小板不一样的地方，虽然净利润也上翘，看起来似乎有原材料红利的影响，但实际上创业板净利润上翘主要是投资收益在会计上做了重分类，公允价值计价引起的；第二点是由于营业外收入增加，一方面政府给企业的补贴在上升，另一方面有些上市公司卖房子盈利。

通过上述分析，大家看到主板、中小板和创业板盈利趋势是完全不一样的，三个板块盈利的逻辑也是不一样的。主板盈利的逻辑主要是房地产引起的，中小板盈利的逻辑第一有房地产的原因，第二有原材料红利的原因，第三还有产业升级、消费升级的原因，创业板盈利的逻辑主要是消费升级、产业结构转型引起的。三个板块盈利的逻辑还是有一些区别。

另一方面，我们从数量结构方面对上市公司的盈利情况也做了分析。上市公司总体情况今年上半年收入增加的占比 62.3%，收入减少的占比 37.7%；主板市场基本是一半对一半，一半收入增加，一半收入减少；中小板有 69% 的收入增加，31% 的收入减少；创业板有 77% 的收入增加，23% 的收入减少。净利润的情况比较类似。

下面，我对行业的情况做了一个刻画。抛开综合类一共是 25 个行业，其中 7 个行业营业收入是下降的，包括公用事业、有色金属、机械设备、国防军工、钢铁、化工和采掘，其他 18 个行业是上升的，排名第一的是房地产，房地产在主板中占比较高，接下来是休闲服务、传媒、电子、计算机等。这个可以很清楚地看到上半年行业的情况。"核心利润"方面国防军工比较特殊，因为去年太差，今年上半年由于军队改革、军队采购和航天战略的变化，相对于去年增长 1533.7%。核心利润增长比较高的还有钢铁和农林牧渔。

### 李扬：

我稍微插一下，最近总在讨论金融服务于实体经济，什么是实体经济？什么是金融？大家有不同的说法。美联储定义，除了金融和房地产，其他都是实体经济，把房地产划入金融领域了。

### 吕峻：

今年上半年上市公司盈利状况为什么有这样一些变化？我大概总结了五方面原因。第一是区域性房地产市场的火爆。房地产公司的营业收入增长和净利润增长占整个上市公司盈利增长的 45% 和 40%，核心利润增长占到 50%，考虑房地产公司所带来的上下游贡献，今年上半年房地产上市公司贡献了 51% 的上市公司的盈利和利润的增长。第二是中小板原材料价格的红利。受基础设施投资拉动和政府去产能政策的影响，无论从价格还是产量来讲，中下游产业市场下滑已经止跌或缓慢复苏，产业上游铁矿石、原油等大宗商品的价格仍然在低位徘徊或上升缓慢。上市公司营业收入增加 3% 左右，营业成本增幅低于营业收入增幅，所以上半年上市公司毛利的增加比去年好一些，主要受益对象是主板公司和中小板公司。房地产和原材料价格红利是上半年上市公司总体好转的主要原因，后面还有两个次要因素。第三是结构转型政策，比如新能源汽车。新能源汽车对汽车行业及电机设备影响还是很大的。第四是经济社会发展自然转型消费升级、医疗保健需求增加，但这个体量较小，对上市公司总体盈利影响有限。第五是其他微小因素，也需要大家去关注。第一方面，上半年主板公司存货投资和固定资产投资是下降的，贷款利率走低及人民币贬值造成上市公司的汇兑收益增加，从近三四年上市公司财务费用的变化情况来看，今年上半年增加是最小的。人民币贬值有好的影响也有坏的影响，我们国家出口多一些进口少一些，所以人民币贬值对于我国整体经济好的影响多一点，但人民币贬值对于交通运输业特别是航空业的影响不好。第二方面，部分行业营改增造成税负下降。第三方面，一些公司通过资产重分类增加投资收益。第四方面，政府补贴增加造成营业外收入增加。通过这几个因素，把上半年为什么上市公司盈利变化有差别做了一个总结。

除了这些因素，还有一些细节想和大家分享一下。第一，虽然经济波动，但营业收入收现率近几年一直平稳在 100% 左右，经营现金流持续好转，存货投资现金支出仅增加 1.5%，持有的货币资金增加了 20%，整体的负债率保持不变。给大家解释一下营业收入收现率是 100%，这是一个平均值。其中，因为房地产是预售，收现率可能是 150%，超过 100%，但中小板和创业板的收现率达不到 100%。第二，固定资产投资减少，但对外投资仍维持较快增长。对外投资指对企业外部的非控股性的投资，包括金融资产投资和房地产投资。第三，投资收益维持下降走势，一些公司通过投资资产重分类获取投资收益。第四，许多公司营业外收入维持增长，核心利润占比下降，净利润质量下降。

最后，对下半年上市公司盈利做一个简单分析。现在很多人预测下半年和上半年经济增长都是 7%，按照近十几年季节性波动规律，由于下半年有翘尾因素，预测下半年上市公司盈利环比增加 10% 左右，同比增加 5% 左右。三个板块有一些差别，初步判断去产能政策的影响，采掘业下半年的盈利会好转。如果还是维持上半年的情况，钢铁的景气度可能会下降，因为两头会挤压钢铁中游行业的盈利。但这个分析不确定性很大，还要密切关注对其造成影响的因素。

A 股上市公司盈利分析与预测（2016）

## 图书在版编目(CIP)数据

立言：金融智库实录. 第1辑 / 国家金融与发展实验室编. -- 北京：社会科学文献出版社, 2017.9
ISBN 978-7-5201-1233-8

Ⅰ.①立… Ⅱ.①国… Ⅲ.①金融－文集 Ⅳ①F83-53

中国版本图书馆CIP数据核字（2017）第197696

## 立言
## ——金融智库实录（第1辑）

编　　者 / 国家金融与发展实验室

出 版 人 / 谢寿光
项目统筹 / 恽　薇　陈　欣
责任编辑 / 陈　欣　李蓉蓉

出　　版 / 社会科学文献出版社·经济与管理分（010）59367226
　　　　　 地址：北京市北三环中路甲29号院华龙广邮编：100029
　　　　　 网址：www.ssap.com.cn
发　　行 / 市场营销中心（010）59367081　5918
印　　装 / 三河市东方印刷有限公司

规　　格 / 开　本：880mm×1230mm 1/32
　　　　　 印　张：9.75　字　数：196千字
版　　次 / 2017年9月第1版　2017年9月第1次刷
书　　号 / ISBN 978-7-5201-1233-8
定　　价 / 69.00元

本书如有印装质量问题，请与读者服务中心（0-59367028）联系这五个因半年上市公司盈利的影响很大：第一，房地产市场的变化；第二设施投资能否扩大，资金瓶颈是个大问题，现在国家发改委办PPP，基础设施投资需要关注的行业有轨道交通、智慧城市、；第三，大宗物品价格与产业中下游的产品需求的互动，假如品价格的回升是由于中下游产品需求增加，肯定对上市公司的跟好的影响，如果下游的需求没有增加，上游的价格上去了，对产业的挤压会很严重；第四，产业政策，新能源汽车主要是补贴起来的，后期减少补贴，市场是否会发生变化；第五，人均收入，居人均收入的增幅有减缓的趋势，消费升级的产业能不能维持比较增长也不确定。